예이츠와 모드 곤

The Love Story of W. B. Yeats and Maud Gonne

예이츠와 모드 곤

The Love Story of W. B. Yeats and Maud Gonne

마저리 브레이디 지음 | 권경수 옮김

이화여자대학교출판부

옮긴이의 말

윌리엄 버틀러 예이츠William Butler Yeats, 1865-1939는 1885년 그가 태어난 지 20년 만에 『더블린 대학 리뷰*The Dublin University Review*』에 첫 번째 시를 기고함으로써 문단에 등단하여 시인으로, 극작가로 명성을 얻게 된다.

본 서는 바로 예이츠가 위대한 문인으로 길을 걸어가는 동안 그의 삶 전체를 통해 많은 영향력을 끼친 그의 성장 배경, 조국 아일랜드의 정치적인 갈등, 많은 지인들과의 돈독한 관계, 그리고 배우이자 독립운동가인 모드 곤과의 이야기를 중심으로 엮은 책이다.

예이츠는 어려서부터 몽상적인 성격과 시적인 자질을 보여줌으로써 미래의 위대한 시인으로 점칠 수 있는 사람이었지만 행동력은 약한 편이었다. 그러한 예이츠가 1890년 모드 곤이라는 여인을 만난 후로는 그 여인이 지향하는 아일랜드 독립운동에 가담해서 정치집회를 선도하고 비행동적인 모습에서 탈피하여 1897년과 1898년 사이에 대단히 행동적인 예이츠로 변모한다.

예이츠는 자신이 숭배하는 아일랜드의 민족주의자 존 오리어리에 의해 '아일랜드 공화파결사대IRB: Irish Republican Brotherhood'에 가입하여 회장직을 맡음으로써 그의 삶에 사랑과 열정을 가져다준 모드 곤과 영국, 스코틀랜드를 방문하게 된다. 그리고 그가 1904년 아일랜드의 독립운동의 일환으로 애비 극장을 설립했을 때 10년간을 연극 중흥의 길을 걷는다.

예이츠는 모드 곤 외에도 몇 명의 여인들과 깊은 관계를 가졌는데 그들은 올리비아 셰익스피어 그레고리 부인이었다. 특히 다른 여인들과 달리 그레고리 부인은 시인이 존경하는 문학의 동지로서 그녀의 부유함과 우아함을 자랑하는 전통적 대저택, 쿨 파크에서 귀족의 고결한 취미에 사로잡혀 많은 시를 쓰게 되고 연극을 위한 작품을 함께 저술하게 된다.

예이츠가 우정을 나눈 많은 존경의 대상들은 화가, 시인, 학자, 정치가들이었는데, 예이츠는 이들, 존 메이스필드, T. S. 앨리엇, 라이오넬 존슨, 아더 시몬즈, 에즈라 파운드, 조지 러셀, 숀 오케이시, J. M. 싱, 존 퀸, 존 오리어리 등의 지인들을 가리켜 아름답고 귀한 존재로 표현하면서 그의 시에 등장시킨다.

저자 마저리 브레이디는 이 책에서 예이츠와 모드 곤의 사랑뿐만 아니라 위에서 언급한 많은 사람들과의 우정, 시인의 사생활과 사회활동을 통해 그려진 이야기 등을 시와 더불어 엮어낸다. 그러므로 역자는 이 책을 아일랜드뿐만 아니라 영문학의 큰 별인 예이츠의 삶의 모든 것과 그의 아름다운 문학 세계를 조명해보고 시인의 사상을 이해하는 데 아주 가까이 접근할 수 있음을 가치 있게 생각하여 번

역을 하게 된 것이다.

끝으로 이 책을 만들어내는 데 수고를 아끼지 않은 제자와 이화여자대학교출판부 여러분께 깊은 감사를 표한다. 축복이 함께하시기를 기원하면서.

2006년 9월
연구실에서
역자

머리말

지방의 한 영문학 강의에서 나는 W. B. 예이츠의 시를 다시 만날 수 있었다. 거의 잊고 있었지만, 예전에 모드 곤에 관한 전기를 읽고 난 후 나는 왜 그녀가 예이츠의 아름다운 시에 표현된 그녀에 대한 사랑에 응하지 않았는지 궁금했었다. 이러한 한정된 관점으로 나는 이 운명적인 한 쌍에 대해 닥치는 대로 읽었고 모드 곤을 향한 예이츠의 위대한 사랑을 탐구하기 시작했다.

이 책은 예이츠의 작품들에 대한 논문도 아니며 모드 곤의 정치적인 활동이나 일상에 대한 기록도 아니다. 이것은 러브 스토리이다. 가슴에 사무치도록 애절한 시들이 곁들여진 사랑 이야기이다. 비록 여기에 나오는 사실들이 많은 연구를 통해 얻어졌고 그 출처들을 모두 밝혔지만 나는 이 이야기가 완벽하다고 주장하지 않는다. 이 주제에 관해 나보다 훨씬 더 잘 알고 있는 학자들이 많다는 것을 알고 있으므로 나는 이 이야기에 보탤 수 있는 어떠한 내용이나 사실도 기꺼이 환영한다. 각 장은 예이츠의 시 몇 구절로 시작된다.

W. B. 예이츠에 관한 글들은 방대하며 대부분 그의 생각에 대한

정확한 기록들이다. 반면에 모드 곤의 자서전은 일흔이 넘은 나이의 한 노파가 기억하거나 기억하고 싶었던 것들을 기록한 낭만적인 버전의 글이다. 모드는 그 나이가 되어서도 자신의 친딸 이졸트와의 관계를 시인하지 않았다. 자신이 젊었을 때인 1905년 8월 『뉴욕 이브닝 월드*New York Evening World*』(옛날 미국 신문)와의 인터뷰에서 결혼관에 대해서만은 솔직하게 얘기했었다.

A. N. 제파스와 조셉 혼은 예이츠의 사랑 자체보다는 그의 문학적 업적에 중점을 둔 반면 모드의 전기 작가 새뮤얼 레벤슨과 낸시 카도조는 그녀와 예이츠의 로맨스에 대해 더 상세히 다루고 있다. 두 사람의 인생에 일어난 사건들의 연대 순서가 많은 책에서 서로 다르게 기술되어 있다. 특별한 사건의 날짜들이 일치하지 않고 있다. 예를 들면, 모드의 첫째 아이의 생일은 적어도 세 개 이상의 날짜로 나타나 있으며 남자인지 여자인지조차 책마다 다르게 나와 있다. 이 책에서는 서로 연관된 모든 사항들을 연대순으로 나열한 후 하나의 이야기로 엮어보았다.

W. B. 예이츠와 모드 곤의 관계에 대한 많은 의문 가운데 해답을 얻은 것도 있지만, 아직 많은 의문들이 풀리지 않고 있다. 과연 모드가 그런 아름다운 시들로 표현될 만한 가치가 있었을까? 만일 모드가 예이츠와 결혼을 했거나 적어도 그의 사랑에 응했더라면 예이츠는 과연 그렇게 좋은 작품들을 쓸 수 있었을까? 보상이 없는 맹목적인 사랑으로 인한 고통만으로 이런 시들을 쓸 수가 있었을 것인가? 만일 사랑을 성취했다면 그 황홀감이란 짧은 순간의 지속일 뿐 그에

게 전혀 영감을 주지 못했을 것인가? 그런데 예이츠는 그녀 때문에 많은 걸작들을 쓸 수 있었다고 시인하고 있다. 모드 또한 예이츠는 '불행' 속에서 시를 썼기 때문에 자신이 그와 결혼하지 않은 것에 대해 언젠가 세상 사람들이 자기한테 고마워할 것이라고 말하고 있다.

사실들을 끼워 맞추는 것도 흥미로웠으나, 새로운 사실들을 찾아내는 것은 아주 흥미진진한 것이었다. 예를 들어, 모드의 출생이 전혀 기록되어 있지 않아 통검 교회Tongham Church에 그녀의 세례증명서 사본을 요청하기도 했는데 이 서류를 통해 모드의 둘째 여동생인 마가레타 로즈의 출생 사실을 알 수 있었다. 예이츠는 조상에 대해 알고 싶어했지만 그에게 영혼의 대화를 통해 다가온 오소리 백작부인Countess of Ossory을 추적할 수가 없었다. 아주 운이 좋았을 뿐 아니라 던보인 경Lord Dunboyne이 도움을 주어 이해를 할 수 없었던 예이츠에 대한 자세한 것들을 알 수 있었고 내가 지금 살고 있는 킬케니와 예이츠의 연결고리도 찾을 수 있었다.

이 책을 쓰면서 모드 곤과 윌리 예이츠는 막연한 작품 속의 인물에서 실존하는 사람으로 바뀌게 되었다. 예이츠의 사랑 시들을 이해할 수 있게 되었고 나의 첫 탐구의 답을 얻을 수 있었다.

주요 인물

♣ 버틀러, 메리 Butler, Mary

저비스 예이츠의 손자인 벤저민 예이츠와 결혼했다. 결혼 이후 버틀러라는 성이 예이츠의 성 앞에 붙여졌다. 오르먼드 백작 3세의 직계 후손. 아일랜드에 있는 땅 때문에 가족에게 큰 수입을 주게 된다.

♣ 쿡, 이디스 Cook, Edith

모드의 어머니. 영국의 부유한 상업/제조업 집안 출신이다. 어린 나이에 고아가 되었고 27세에 사망했다.

♣ 쿡, 에밀리 루카스 Cook, Emily Lucas

모드의 대모. 모드의 종조부 프랜시스 경의 첫 번째 부인. 프랜시스는 에밀리 쿡을 위해 리스본 가까이에 몬세레트 저택을 사주었다. 토미 곤에게 그의 딸들을 프랑스에서 교육시킬 것을 제의했다.

♣ 쿡, 프랜시스 경 Cook, Sir Francis

어머니가 돌아가시고 모드를 잠시 맡아준 모드의 종조부. 예술에 대한 지원으로 1888년 준남작이라는 작위를 얻는다.

♰ 쿡, 윌리엄 Cook, William

(1784-1869) 노포크에서 포목 사업을 하기 위해 왔다. 2백만 파운드를 남기고 사망했다.

♰ 시제란 백작부인 de la Sizeranne, Comtesse

'메리 이모'로 불리었다. 두 번 결혼한 아버지 쪽의 종조모이며 모드를 파리 사교계에 진출시키기를 원했다. 모드가 루시앙 밀레보이를 처음 만난 로얏으로 그녀를 데리고 갔다.

♰ 곤, (이디스) 모드 Gonne, (Edith) Maud

(1866-1953) 아일랜드 민족주의자였으며 그 시대의 대단한 미인이었다. 그녀의 정치적인 활동으로 기억되기보다는 윌리의 시에 나온 여인으로 불멸의 명성을 얻었다.

♰ 곤, 이졸트 Gonne, Iseult

(1894-1954) 모드와 루시앙 밀레보이 사이에 태어난 딸. 1920년에 시인 프랜시스 스튜어트와 결혼했다. 어머니인 모드 곤보다 1년을 더 살았다.

⚜ 곤, 토머스 Gonne, Thomas

(1835-1886) 모드가 무척 사랑했던 아버지. 와인 수입업자의 둘째 아들. 영국 군인으로 인도에서 복무했으며 공훈을 세웠다. 나중에 아일랜드 민족주의자가 되었다.

⚜ 곤, 윌리엄 Gonne, William

모드의 아버지가 1886년에 세상을 떠나자 모드의 후견인이 되어준 모드의 큰아버지. 와인 수입업자. 모드에게 굉장히 엄격했으며 모드가 물려받은 재산이 얼마 되지 않는다고 사실과는 다르게 얘기해주었다.

⚜ 그레고리, 오거스타 부인 Gregory, Lady Augusta

작가, 지주, 과부였으며 쿨 파크에 있는 그녀의 집이 그 시대 유명한 문인들의 모임 장소였다. W. B. 예이츠의 후원자, 유모, 어머니 같은 존재였다.

⚜ 하이드-리스, 조지 Hyde-Lees, George

1917년에 윌리와 결혼했다. 앤 예이츠와 마이클 예이츠의 어머니. 집안의 결혼으로 올리비아 셰익스피어와 친척 관계가 되었다. 좋은 교육을 받았고 예술에 대한 관심이 있었으며 외국어에 능통했다.

⚜ 맥브라이드, 존 MacBride, John

1903년에 모드와 결혼했다. 숀의 아버지. 시금자(詩金者)였으며 보어 전쟁에서 영국에 대항하여 용감하게 싸운 아일랜드 민족주의자였다.

✤ 맥브라이드, 숀 MacBride, Seán

모드와 존 맥브라이드의 아들. 1916년까지 프랑스에서 자랐다. 훗날 노벨 평화상을 받게 되었다.

✤ 밀레보이, 루시앙 Millevoye, Lucien

모드의 인생에서 가장 사랑했던 연인. 조제트와 이졸트 곤의 아버지. 정치에 관심이 많았던 행정장관, 기자. 아드리엔느와 결혼했으나 헤어졌다. 앙리 밀레보이라는 외아들이 있었다.

✤ 오리어리, 엘렌 O' Leary, Ellen

민족주의자 존 오리어리의 여동생. 시인. J. B.와 W. B. 예이츠에게 모드에 대한 소개 편지를 썼다.

✤ 오리어리, 존 O'Leary, John

아일랜드 민족주의자. 아일랜드의 최고 시인이 되도록 W. B. 예이츠를 격려했고 호전적인 성향의 민족주의 운동을 지지했던 모드의 관심을 다른 곳으로 돌리기 위해 모드가 예이츠의 시에 관심을 가지게 해주었다.

♣ 폴렉스펜, 수잔 Pollexfen, Susan

J. B. 예이츠의 아내이자 윌리 예이츠의 어머니. J. B.의 가장 친한 친구 조지 폴렉스펜의 여형제 중 가장 예뻤다. 슬라이고에 있는 부유한 상인 집안 출신.

♣ 폴렉스펜, 윌리엄 Pollexfen, William

윌리의 외할아버지. 바다로 도망갔다가 집으로 다시 돌아와 엘리자베스 미들톤과 결혼을 했고 처남과 슬라이고에서 방앗간과 선박 사업의 공동 경영자가 되었다.

♣ 퀸, 존 Quinn, John

부유한 미국 변호사, 아일랜드 이민자의 아들. 잭 예이츠의 그림에 대해서 그리고리 부인이 쓴 글을 보고 아일랜드 단체들을 알게 되었다. 그 후 예이츠의 일행과 아일랜드 예술의 후원자들의 아주 좋은 친구가 되었다.

♣ 셰익스피어, 올리비아 Shakespear, Olivia

윌리의 첫 애인. 작가. 사무 변호사와 불행한 결혼생활을 유지하고 있었음. 집안의 결혼으로 조지 하이드-리스와 친척 관계가 되었다.

♣ 예이츠, 저비스 Yeats, Jervis

성공한 리넨(아마포) 상인. 요크셔에서 아일랜드로 건너왔다.

1712년에 사망했다.

✤ 예이츠, 존 버틀러 Yeats, John Butler

(1839-1922) J. B.로도 불리었다. 윌리의 아버지. 화가, 작가/철학자. 자격증이 있었지만 법정 변호사로 결코 활동하지 않았다. 아이들의 성격 형성에 많은 영향을 미쳤다.

✤ 예이츠, 윌리엄 버틀러 Yeats, William Butler

(1865-1939) 윌리나 W. B.로도 불리었다. 자신의 가장 감동적인 작품들을 쓰는 데 영감을 준 모드 곤에 대한 사랑을 평생 동안 간직하고 지낸 시인.

✤ 예이츠, 윌리엄 버틀러 Yeats, William Butler

(1806-1862) 교구 목사. W. B.의 할아버지. 제인 코베트와 결혼했다.

1

큰 키와 품위를 지녔지만 얼굴과 가슴은
사과꽃처럼 섬세한 색의 빛깔을 가졌네……
「화살」

1889년 1월 30일, 런던 교외 치스윅의 나무가 늘어선 조용한 한 거리에 마차 한 대가 달리고 있었다. 마차는 블렌하임가 3번지 예이츠의 집 앞에서 멈췄다. 마차의 손님은 벨그라비아(런던 하이드 파크에 인접한 상류층 주택 지구)에서 온 22세의 굉장한 미모를 가진 여인이었다. 그녀는 마부에게 잠시만 기다려 달라고 했다. 이 미모의 여인은 붉은 빛을 띤 금발머리와 갈색 눈을 가졌는데, 신경을 안 쓴 듯하면서도 옷을 아주 잘 갖춰 입고 있었다. 그녀, 모드 곤Maud Gonne은 존 버틀러 예이츠John Butler(J. B.) Yeats와 그의 아들 윌리Willie(W. B.)를 보러 왔다. 모드 곤은 유명한 아일랜드 민족자결주의자인 존의 누이 엘렌 오리어리Ellen O'Leary로부터 받은 소개장을 가지고 있었다. 윌리에게 보낸 소개장에 엘렌은 다음과 같이 적어 보냈다. "나는 너의 아버지에게 모드 곤에 대한 소개장을 보낸다. 모드 곤은 우리 집안의 새로운 친구이자 친아일랜드주의자로 돌아선 멋진 여자이다. 그녀와 넌 아주 좋은 친구 사이가 되리라 생각한다. 예술가나 시인이라면 그녀를 좋아하지 않을 수가 없을 거야. 모드는 매력적이면서도 우아하고 아름다워서 대부분의 남성들은 그녀를 좋아한단다."

최근에 중풍으로 앓고 있는 예이츠 부인(W. B. 예이츠의 어머니)을 제외하고, 예이츠의 가족은 모드를 맞이하기 위하여 모두 거실에 모였다. J. B.는 아버지로서 집안에서 가장 큰 영향력을 가지고 있었다. J. B.는 높은 미적 감각을 가지고 있었으나 수입이 일정하지 않은 초상화를 그리는 일을 했기 때문에 가난한 생활을 하고 있었다. J. B.의 아들 윌리는 당시 23세였으며, 존 오리어리의 도움을 받아 『어신의 방랑과 다른 시들*The Wandering of Oisín and other poems*』의 출판을 마친 직후였다. 당시 16세였던 그의 남동생 잭은 아버지의 뒤를 이어 화가의 길을 걷고 있었다.

윌리의 두 여동생은 아일랜드 독립운동가가 되기 위해 궁중 사교생활을 포기한 이 방문자에게 흥미를 느끼고 있었다. 수잔 메리Susan Mary는, '릴리Lily' 라고도 불렸으며 그녀는 메이 모리스May Morris 밑에서 자수 일을 하고 있었다. 릴리는 이 첫 번째 대면에 모드가 슬리퍼를 신고 온 것을 보았다. 릴리의 여동생 엘리자베스 Elisabeth(애칭 롤리Lolly)는 치스윅 고등학교의 교사였다. 새뮤얼 레벤슨에 의하면, 엘리자베스는 그날 모드 곤에 대한 인상을 일기장에 이렇게 기록했다고 한다. "(더블린의 뭇 남성들의 가슴을 울리고 있는) 더블린의 미인, 곤 양이 오늘 윌리와 아버지를 뵈러 왔다. 그녀는 몹시 키가 크고 굉장한 패션 감각을 가지고 있었다. (……) 그녀는 안색이 밝고 엷은 갈색 눈을 가진 매우 멋진 여자이다."

모드는 다른 가족으로부터 J. B.와 윌리에게로 관심을 돌려 두 남자와 아일랜드의 문제들에 대해 얘기했다. 600년 동안 이웃 나라의 지배를 받아온 아일랜드는 다시 한 번 자신들의 권리를 찾기 위해 싸우고 있었다. 정치범들은 잡혀갔지만 영국의 토지 소유자들의 권력은 아일랜드 소작인 동맹Land League으로 인해 점점 약화되고 있었다. 모드의 민족독립 운동은 호전적인 모습을 갖추어가고 있었다. 그녀는 정치적 싸움에 있어서는 목적은 수단을 정당화한다고 믿었기 때문에 그 수단이 다소 폭력적이라도 괜찮다는 생각을 하고 있었다.

J. B.는 전적으로 폭력에 반대했다. 그러나 윌리는 모드의 아름다움에 매료되어 그녀와 다른 의견을 쉽게 말할 수 없었다. 아일랜드의 문화적인 공통 관심사로 그녀를 끌어들이기 위해서, 존 오리어리 John O'Leary는 모드에게 최근 출판된 윌리의 시 사본을 주었다. 모드는 윌리에게 그의 시를 읽으면서 어떤 구절들에서는 감동을 받아 울기까지 했었다고 말했다.

윌리는 첫눈에 모드와 사랑에 빠졌다. 그들의 첫 만남에 대해 윌리는 자신의 책 『W. B. 예이츠의 회고록*The Memoirs of W. B. Yeats*』에 이렇게 썼다. "내 인생의 고뇌가 시작되는 순간이었다. 나는 살아 있는 여인에게서 이렇게 굉장한 아름다움을 찾을 수 있을 것이라고는 상상도 하지 못했다. 굉장한 아름다움은 유명한 사진, 시, 그리고 전설적인 과거에나 존재하는 것인 줄 알았다. 사과꽃의 피부 빛깔과 블레이크가 말한 '영원히 변하지 않는 가장 아름다운' 얼굴과 몸의 아름다운 실루엣을 그녀는 가지고 있다. 모드의 큰 키도 인간과는 다른 신적인 존재처럼 느끼게 한다. 버마의 징소리처럼 주체할 수 없는 강력한 혼란을 그녀는 내 인생에 가지고 왔다. 그러나 혼란 중에도 나는 많은 즐거운 순간들을 가질 수 있었다."

그는 이 첫 만남을 기리기 위하여 아래의 「화살The Arrow」이라는 시를 썼다.

그대의 아름다움을 생각했소, 거친
생각에서 빚어진 그 화살이, 나의 골수에 깊이 자리했네.
그 어떤 사람도 그녀를 바라보지 못하리, 그 누구라도,
이제 한 여인으로 새롭게 자라나,
큰 키와 품위를 지녔지만 얼굴과 가슴은
사과꽃처럼 섬세한 빛깔을 가졌네.
그녀의 아름다움은 너무 상냥하나, 이유가 있어
늙어 허물어짐에 나는 슬퍼하리.

I thought of your beauty, and this arrow,
Made out of a wild thought, is in my marrow.
There' s no man may look upon her, no man,
As when newly grown to be a woman,
Tall and noble but with face and bosom
Delicate in colour as apple blossom.
This beauty' s kinder, yet for a reason
I could weep that the old is out of season.

예이츠 가족은 모드의 굉장한 미모에 대해서는 들은 바 있었으나 그녀가 더블린의 어떤 남자와도 연관 지어져 얘기되는 것을 들은 적이 없었다. 예이츠 가족의 친구인 캐서린 타이넌Katherine Tynan은 모드의 모든 남성 친구들이 늙든 젊든 간에 모두 그녀와 사랑에 빠진다고, 그러나 "그 남자들은 금방 포기했고…… 그녀의 냉담함이 가장 열정적인 연모자의 마음도 차갑게 했을 것"이라고 예이츠 가족에게 말했다. 캐서린은 또한 그 당시 윌리에 대해 이렇게 묘사했다. "몽상적이고 상냥하고…… 혈색이 도는 가무잡잡한 얼굴과 칠흑같이 까만 머리, 강렬한 눈이 아름답다. 그는 시에 숨 쉬고, 먹고 마시고, 살고, 그리고 잠든다."

모드는 윌리를 다소 다르게 기억한다. 그녀는 그를 이렇게 기억했다고 한다. "윌리의 머리에는 페인트가 자주 묻어 있었다. 윌리는 초라한 옷차림의 키가 크고 마른 소년으로, 짙은 색 머리카락이 계속 흘러내려와 안경을 가리곤 했었는데, 그 안경 뒤에는 움푹 들어간 눈을 가지고 있었다……"

모드는 떠나기 전에 자신이 머물고 있는 벨그라비아의 에버리가로 윌리를 초대했다. 그날 오후, 윌리는 거기서 모드와 그녀의 여동생 캐슬린Kathleen, 그리고 그녀의 사촌과 함께 식사를 했다. 그때 그는 모드가 아름다울 뿐만이 아니라 똑똑하기까지 하다고 느꼈다. 그러나 윌리는 유럽 정치에 대한 그녀의 '충격적' 인 시각에 대해서는 신중한 태도를 보였다.

모드와 식사를 한 이틀 후, 윌리는 고모인 엘렌 오리어리에게 편지로 이렇게 전했다. "곤 양에게 얼마나 감탄하고 있는지 제가 얘기했었나요? 많은 대화들을 그녀의 정치적 신념에 따라 이끌어갑니다. 그녀가 지구는 평평하고 달은 하늘에 던져진 빵모자(caubeen, 아일랜드의 전통 모자)라고 말해도 저는 그녀의 일행이라는 것이 자랑스럽기만 할 것입니다."

2

영원이 우리 앞에 놓여 있네; 우리의 영혼들은
사랑이며, 되풀이되는 이별이라네.
「덧없음」

아일랜드에 대한 공통 관심사 덕분에 윌리와 모드는 가까워지게 되었다. 두 사람의 배경을 보면 그 외에도 다른 많은 공통점을 가지고 있었다. 양쪽 가문이 모두 영국 혈통의 가문 출신에 리넨 장사에 관심이 있었다. 17세기에 요크셔에서 더블린으로 간 예이츠 가문은 3대에 걸쳐 리넨 장사 일을 해왔었다. 모드의 어머니인 이디스 쿡 Edith Cook의 가족들도 노포크에서 리넨 장사와 포목업으로 상당한 재산을 모았다. 윌리의 어머니도 상인 계급 출신으로, 폴렉스펜가와 미들톤가로 이루어진 윌리 어머니의 가족은 아일랜드의 서쪽에 위치한 슬라이고에서 유명한 조선업 장사를 하면서 방앗간을 운영했다. 한편 모드 아버지의 가족은 런던에서 크게 성공한 와인 수입업자들이었다.

상업 마인드를 가진 집안에서 윌리와 모드는 성장했다. 하지만 양쪽 집안에서 집안의 전통을 깨고 가족에 큰 영향력을 행사한 것은 아버지들이었다.

윌리는 자신의 조상들에 대해 집착하여 그들에 관한 이야기를 시로 썼다. 리넨 사업의 3대 후손 중 한 사람인 벤저민 예이츠가 메리 버틀러와 결혼할 당시 예이츠 가족은 꾸준한 수입을 가져오게 될 560에이커의 땅을 토머스타운에서 매입하게 되었다. 그리고 메리 버틀러의 아버지 덕분에 영국 육군성으로부터 연금을 받고 오르먼드 가족으로부터 1534년에 만들어진 아름다운 은색 찻잔을 하사받기도 했다. 메리는 오르먼드 백작 3세의 직계 자손이었고, 벤저민 예이츠와의 결혼 이후, 그와 후손들은 '버틀러' 라는 가족 이름을 자신들의 성에 기꺼이 포함시키게 되었다.

1774년에 메리와 벤저민 사이에서 태어난 아들 존은 늘어난 소득 덕분에 더블린에 있는 트리니티 칼리지에 갈 수 있게 되었고, 1805년 슬라이고 주에 있는 드럼클리프의 교구사제(rector, 영국 국교회의 교구사제)가 되었다. 존의 아들 윌리엄도 트리니티 칼리지를 다녔고 나중에 아일랜드 국교회에 들어가게 되었다. 윌리엄은 자신의 아들이자 윌리 예이츠의 아버지인 J. B.도 당연히 가족의 전통을 따를 것이라고 생각했었다. 하지만 J. B.는 교회에 전혀 관심이 없었으며 대신 법을 공부하게 되었다.

윌리의 할아버지인 윌리엄은 슬라이고에서 은퇴한 후 샌디마운트 캐슬에 살고 있던 처남 로버트 코베트와 가까이 살기 위해 더블린으로 이사를 갔다. 1862년 어느 날 로버트의 집을 방문한 윌리엄이 갑자기 죽게 되자 아직 자격이 갖춰지지 않았던 J. B.가 킬데어에 있는 땅을 상속받게 되었다. 아버지가 돌아가시고 1년 후, J. B.는 절친한 친구 조지의 여동생 수잔 폴렉스펜과 슬라이고에 있는 세인트 존 교회에서 결혼하게 된다. 수년 후 J. B.는 아들의 재능에 대해 서정적 감성은 예이츠가의 선물이지만 시인의 유전자는 폴렉스펜가의 것이라고 말했다. "내가 폴렉스펜가와 결혼함으로써 저 해안의 절벽에게 말할 수 있는 능력을 가지게 된 것이다." 그들의 첫째 아이, 윌리엄 버틀러 예이츠는 지금의 더블린 샌디마운트 애비뉴 5번지에 위치한 조지빌에서 1865년 6월 13일 늦은 밤에 태어났다.

곤의 가문에 관해서는 알려진 것이 많지 않으나 모드는 그들이 아일랜드 혈통이었다고 주장했다. 모드의 어머니 가문인 쿡가(家)를 설명하려면 윌리엄 쿡이 런던에 있는 한 리넨 가게에 일하기 위해 노포크의 양 목장을 떠난 1805년으로 거슬러 올라가게 된다. 도매업으로 벼락부자가 된 윌리엄은 고령인 85세의 나이에 아들 둘과 딸 셋에게 2백만 파운드의 큰 재산을 남기고 죽었다. 그의 맏아들 이름 또한 윌리엄이었는데 바로 모드의 할아버지였다.

모드의 조부모는 이디스와 엠마, 두 딸을 남기고 젊은 나이에 죽었다. 두 딸은 고모들과 프랭크 삼촌이라고 불렸던 프랜시스의 손에

키워졌다. 프랜시스는 가족들 중에서 가장 화려한 이력의 구성원이었다. 그림을 수집했었는데 예술에 대한 그의 후원 때문에 1888년에 준남작의 지위를 얻었다. 프랜시스는 두 번 결혼했으며 첫 번째 결혼은 에밀리 루카스와 리스본에서, 그리고 두 번째 결혼은 미국 출신의 이혼녀 테네시 서레스트 클라플린과 하게 되었다.

프랜시스 경은 이디스 프리스 쿡의 후견인들 중 한 명이 되어 1865년 12월 19일 켄트 주에 있는 이스트 펙햄에서 이디스가 스물한 살에 서른 살의 토머스 곤과 결혼할 때까지 그녀의 재산을 위탁 관리했다. 토미라고 불린 토머스 곤은 차남이었으며 가업을 물려받지 못해 영국 군대에 입대하여 인도에서 근무해 훈장을 받기도 했다.

토미와 이디스는 장녀인 모드를 포함해 딸 셋을 낳았지만 딸들 중에 아무도 출생신고를 하지 않아 모드의 출생일은 추측할 수밖에 없다. 이 가족이 가장 먼저 산 곳이 서리Surrey 주에 있는 통검이라는 곳이어서 나는 이 지역의 교회에 편지를 보내 모드의 세례증명서 사본을 받았다. 이 세례증명서에 의하면 토머스와 이디스 프리스 곤의 딸인 이디스 모드 곤은 1867년 1월 21일 윌리엄 다이어에게 세례를 받았다. 대략 생후 한 달 뒤에 세례를 받는 것이 관례였기 때문에 모드는 그녀의 부모가 결혼하고 거의 1년 후인 1866년 12월 21일쯤에 태어났음을 짐작하게 한다. 18개월 차로 태어난 윌리와 모드는 아버지들로부터 큰 영향을 받아 방랑생활을 하며 어린 시절을 보내게 된다. 반면 양쪽 어머니들은 모두 건강하지 않았다.

Family Tree W.B. Yeats
(limited to those mentioned in book)

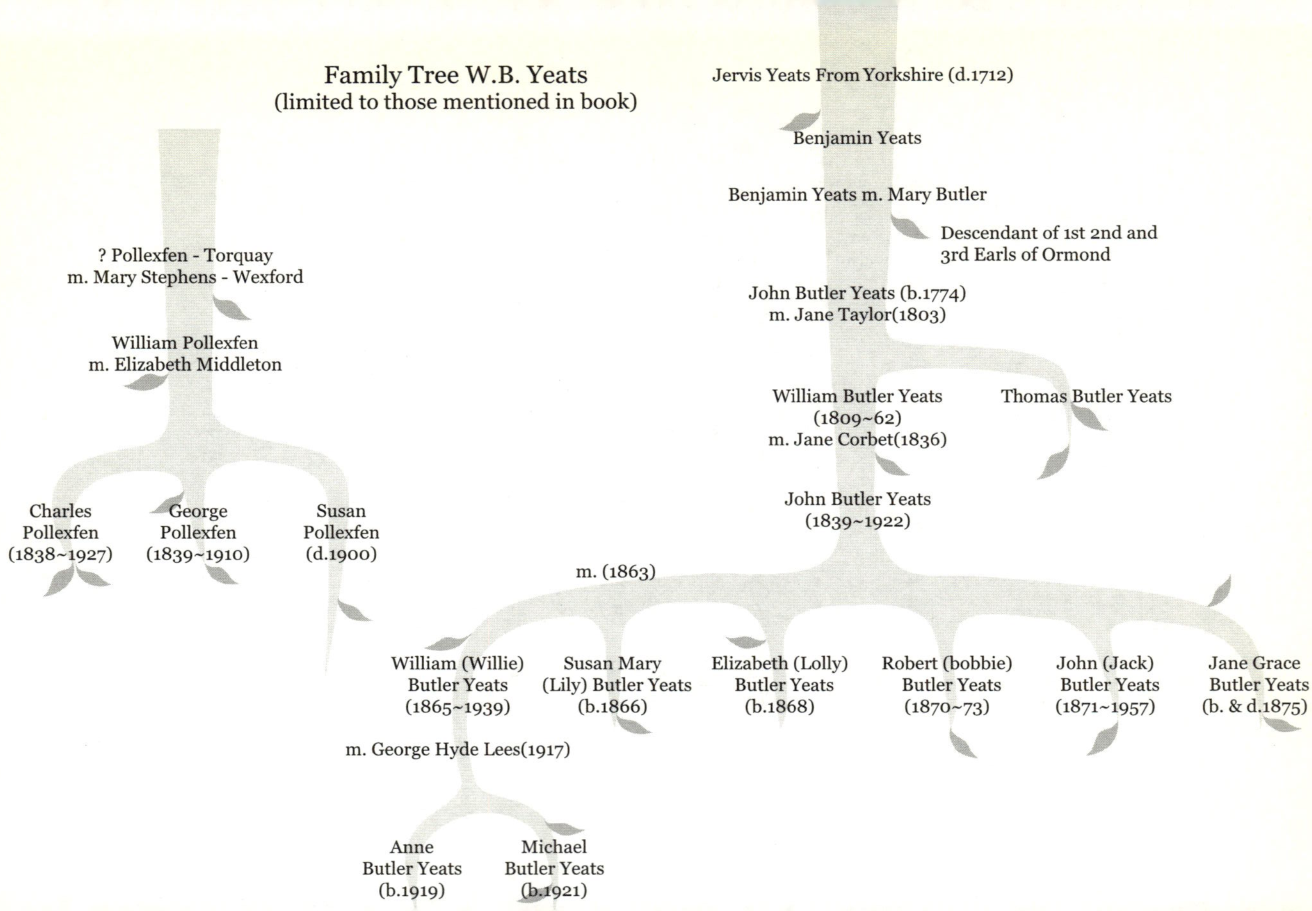

Family of Maud Gonne
(Confined to those mentioned in book)

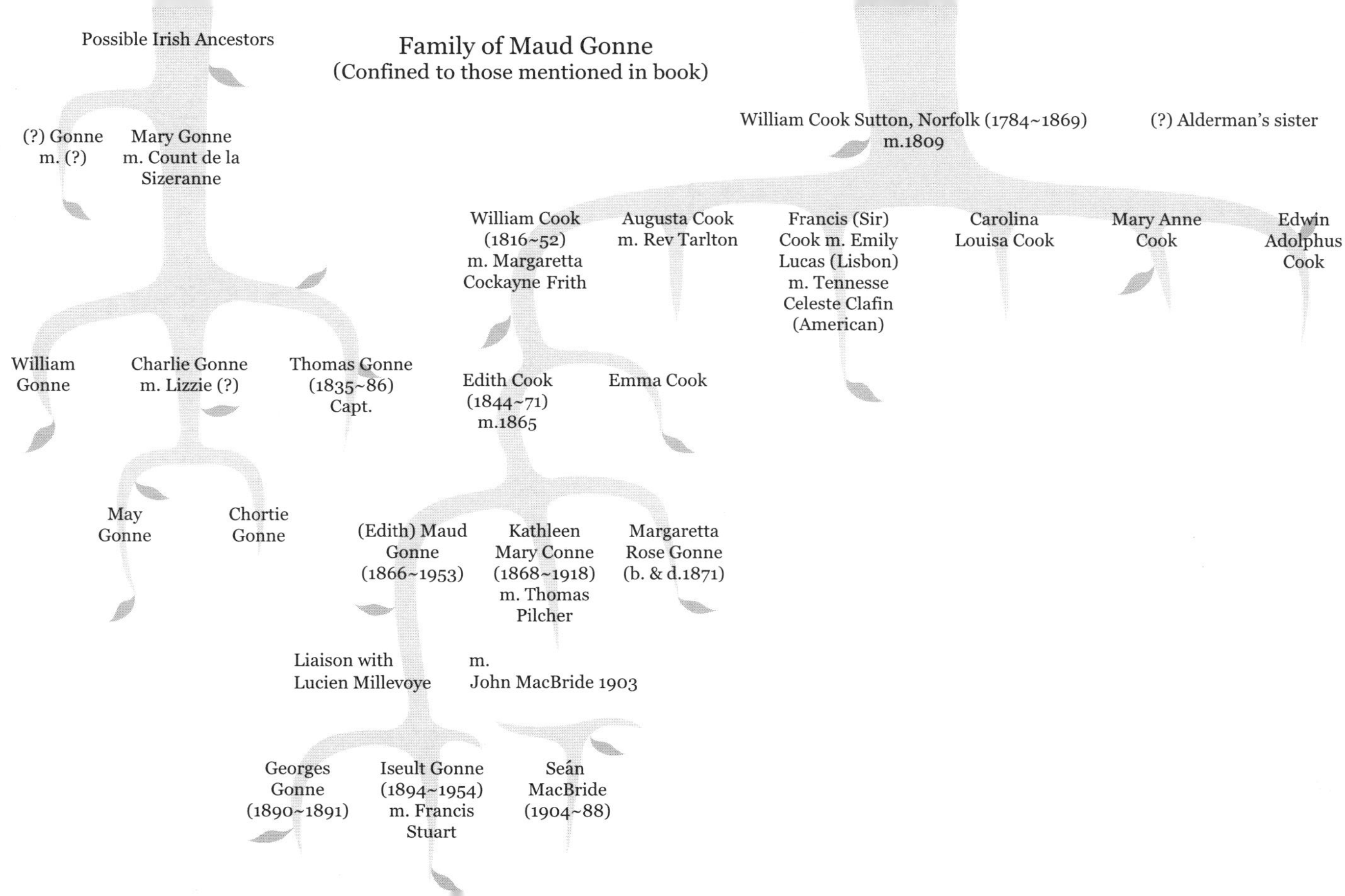

3

떠나자, 인간의 아이야!
호수로 광야로……
「잃어버린 아이」

예이츠의 부모가 수도 없이 반복한 이사 가운데 첫 번째 이사는 윌리가 갓난아기였을 때였다. 그 이사는 법률 일을 그만두고 미술에 전념하기로 결정한 아버지 J. B.의 커리어의 대전환을 예고하는 것이었다. 그들은 슬라이고 주의 에니스크론에 있는 예이츠의 외갓집인 '멀빌Merville'이라는 이름의 큰 집으로 이사를 갔다. 그 집은 수잔 메리가 1866년 8월에 태어난 집이었다. 그러나 6개월이 안 되어 J. B.는 왕립 미술원에 있는 포인터Poynter 밑에서 미술을 공부하기 위해 런던으로 가게 되었다. 그의 가족들은 그와 같이 살기 위해 1867년 7월에 리젠트 파크 피츠로이가 24번지에 이사 오게 되었으며 엘리자베스(애칭 '롤리Lolly')가 1868년에, 로버트가 1870년에, 그리고 존(애칭 '잭Jack')이 1871년에 이 집에서 태어났다. 제인 그레이스도 여기서 1875년에 태어났으나 그녀는 얼마 안 돼 곧 죽었다.

미술가로서의 J. B.의 직업은 넉넉한 수입을 가져오지 못했으며 킬데어의 땅에서 받는 월세조차 제때 받을 수 없었다. 수잔은 풍요롭게 자랐었고 결혼할 때에 토지를 소유한 법정 변호사와 결혼했으므로 어릴 때부터 누려온 풍요로운 삶의 방식을 계속 누리고 살 것을 기대했었다. 그녀는 줄어든 수입에 잘 적응하지 못했으며 결국은 그녀의 남편이 살림을 맡고 그녀와 아이들은 슬라이고에 되돌아갔다.

결혼 초기부터 수잔의 건강은 좋지 않았다. 그녀의 한쪽 눈이 백내장에 걸렸을 때 윌리엄 와일드 경(오스카 와일드의 아버지)에게 진찰받게 되었는데 그는 "넌 이미 결혼도 했으니까 그냥 둬"라고 했었다고 한다. 그 의사는 수잔의 진찰보다는 수잔과 주로 낚시에 관한 이야기를 하곤 했다.

비록 자주 떨어져 있었지만, 윌리의 아버지와 어머니는 자식에 대해서 편지를 주고받았다. 조셉 혼에 의하면 1872년 11월에 J. B.는 그의 아내에게 이렇게 적었다고 한다. "윌리가 몹시 걱정되어서 그 애에 대한 생각들이 내 머리에서 떠나질 않소. 나는 그 애가 아주 다정다감하다고 믿지만 수줍음, 예민함과 불안함 때문에 그 애의 마음을 얻기가 힘들 것 같소. 하지만 그 애의 마음은 얻을 만한 가치가 있는 것 같소. 나는 당연히 그가 옳은 일을 하는 것을 보기 바라지만, 그 애는 착하게, 다정하게 그리고 상냥하게 자라기만 할 것이오……"

때때로 수잔도 J. B.에게 아이들을 키우는 자신의 기쁨과 슬라이고 주변의 아름다운 경치에 대해 편지를 썼다. '멀빌' 집은 벤 불벤 Ben Bulben과 넉크너레이Knocknarea의 눈부신 경치가 보이는 전망이 좋은 곳에 있었다. 하지만 윌리는 자서전에서 그의 어머니가 그의 유년기에 별로 큰 영향을 미치지 않았다고 기록하고 있다.

예이츠의 자식들은 슬라이고에 있을 때 늘 친척들—폴렉스펜가와 미들톤가와 드럼클리프에 사는 파슨스 예이츠의 자식들과 손자들—에 둘러싸여 있었다. 할아버지인 윌리엄 폴렉스펜은 윌리에게 가장 큰 인상을 남겼는데 윌리는 『유년기와 청년에 관한 몽상』에서 이렇게 적었다. "나는 할아버지를 하나님과 혼동했다…… 지금도 『리어왕』을 읽을 때면 할아버지의 이미지가 늘 내 앞에 아른거린다. 그래서인지 나의 희곡이나 시 속에 등장하는 열정적인 사람들의 그 기쁨이 할아버지의 추억보다 더 강한 것인지 의문이 들 때가 있다."

미들톤가는 그 고장 사람들과도 잘 어울려 지냈는데 이것은 윌리에게 시골 이야기에 대한 관심을 처음으로 가져다 주었다. 로세스와 발리소데어의 시골집에서 그는 처음으로 요정 이야기를 들었고, 이것은 그의 시 「잃어버린 아이The Stolen Child」에 나타나 있다.

어스름한 회색빛 모래밭을 밝히는

달빛 물결이 춤추는 곳,
로세스 해안을 따라 저 멀리
밤새도록 걸으면서
옛날 춤에 몸을 맡기며
손을 맞잡고 서로의 시선을 나누자.
저 달이 훨훨 날아갈 때까지;
이리저리 뛰어올라
가늘게 흩어지는 물거품들을 따라가자.
고통으로 가득한 세상
근심스럽게 잠든 사이,
떠나자, 인간의 아이야!
호수로 광야로
요정과 손을 맞잡고,
슬픔으로 가득한 세상, 이해할 수 있으려나……

Where the wave of moonlight glosses
The dim grey sands with light,
Far off by furthest Rosses
We foot it all the night,
Weaving olden dances,
Mingling hands and mingling glances
Till the moon has taken flight;
To and fro we leap
And chase the frothy bubbles,
While the world is full of troubles

And is anxious in its sleep.
Come away, O human child!
To the waters and the wild
With a faery, hand in hand,
For the world's more full of weeping that you can understand…

놀랍게도 모드의 어린 시절도 윌리와 비슷했다. 그녀가 태어난 지 얼마 되지 않았을 때 그녀의 아버지 곤 대위는 아일랜드에 위치한 영국의 가장 큰 군사기지인 킬데어 주의 커라로 전임되었다. 그는 피니언 결사대(Fenian, 아일랜드의 독립을 목적으로 결성된 비밀 결사대)의 새로운 폭동을 방지하기 위한 기존의 수비대 주둔군의 대규모 부대 증원으로 그곳에 발령받게 되었다.

아버지를 따라 윌리와 그의 어머니가 아일랜드 해를 건넌 것처럼, 모드와 그녀의 어머니도 아버지를 따라 반대 방향으로 아일랜드 해를 건너게 되었다. 1867년의 이른 봄 모드의 가족은 더블린 도니브룩의 '플로라빌Floraville' 이라는 집에 정착하게 되었고, 1868년에 둘째 딸 캐슬린 메리가 태어났다. 모드의 첫 친구 이다Ida는 옆집 '에어필드Airfield' 에 사는 위스키 제조업자 제임슨의 딸이었다. 윌리가 유년기에 그랬던 것처럼, 모드와 친구도 하녀들에게서 귀신과 요정에 관한 이야기들을 들었다.

모드의 어머니 이디스는 건강하지 못했다. 1871년 여름, 임신 중에 결핵을 앓게 되어 이탈리아의 날씨 좋은 곳으로 여행하라는 권고를 받게 되었다. 그러나 여행 중에 이디스의 건강은 더 악화되었고 딸을 출산하자마자 그녀는 6월 21일 미들섹스 주의 패딩턴에서 죽었다. 그녀는 나흘 후, 모드가 세례받은 교구 교회에 묻혔고 갓난아기인 딸 마가레타 로즈도 6주 후에 죽어 어머니와 같은 무덤에 묻혔다.

아내가 죽은 후, 헌신적인 아버지였던 토미는 도니브룩으로 딸들과 다시 돌아갔으나 얼마 지나지 않아 킬데어에 있는 작은 오두막으로 이사를 가게 된다. 여기서 평생 동안 계속될 동물과 새에 대한 모드의 애착이 시작되었다.

1년 후, 모드가 심한 기관지 발작을 일으켜 가족은 더블린에서 바다 공기를 마실 수 있는 호우트로 다시 이사를 갔다. 모드는 이곳의 생활을 아주 좋아했으며 모드의 간호사들은 아이들을 마을에 자주 데려가곤 했었는데, 여기서 마을 사람들로부터 영웅들의 이야기와 1798년의 반란에 대한 이야기들을 많이 들을 수 있었다. 이 이야기들은 모드의 머리에 오래도록 남아 그녀가 커서 민족주의자가 되는 밑거름이 된다.

몇 년이 지나지 않아, 윌리 예이츠도 호우트의 언덕들을 배회하게 되는데 그때는 이미 모드가 떠난 후였다.

4

아이들은 셈과 노래를 배우고,
책 읽기와 역사를 공부하고……
「학교 아이들 사이에서」

윌리는 슬라이고에 사는 그의 이모들로부터 초등교육을 받기 시작했으나 이모들은 윌리를 가르치는 일이 쉽지 않다는 것을 알게 되자 그를 슬라이고에 있는 여교사 학교(Dame school, 어린이를 위한 여자들이 운영하는 학교)에 보내게 된다. 예이츠가 음치라는 것을 그때 알게 되었다.

1873년 어느 날 밤 윌리의 어머니와 하인 한 사람이 밴시(Banshee, 가족의 죽음을 울어서 예고한다는 요정)가 우는 것을 들었는데, 바로 그 다음날 윌리의 남동생 로버트가 위막성 후두염으로 죽었다. 이것은 윌리가 경험한 최초의 죽음이었다. 애도의 표시로 항구에 있던 배들이 조기를 달았는데 릴리와 윌리는 조기가 펄럭이는 배들을 그림으로 그렸다.

그리고 얼마 후 윌리의 아버지가 윌리의 교육을 직접 맡기로 했다. J. B.는 아들에게 매콜리와 스콧의 글들을 읽어주었다. 그러나 J. B.는 참을성이 적어 윌리에게 자주 고함을 치기도 했으며 때로는 책을 던지기도 했다.

예이츠 가족은 다시 런던으로 이사를 갔다. 처음에는 피츠로이가에, 얼마 후에는 이디스 빌리지에 살게 되었다. 윌리가 열 살 때부터 열다섯 살까지 해머스키스에 있는 고돌핀 주간 학교에 다녔는데, 이때 남자 아이들이 어떤 방법으로 괴롭힘을 당했었는지를 경험하고 기억하게 된다. 어느 해에는 예이츠가 영어 과목에서 학우 31명 중 19등을 한 적이 있는데 그는 늘 철자법에 약했다. 이 약점은 예이츠를 평생 따라다닌다.

1880년이 되자 킬데어에 있는 J. B.의 땅에서 받는 월세도 중지되었다. 아일랜드의 소작인들이 부재 지주에게 세금 내는 것을 거부했기 때문이었다. 예이츠 가족은 하는 수 없이 아일랜드로 돌아가 친구가 빌려주기로 한 시골집에서 살 수 밖에 없었다. 매일 아침 J. B.와 윌리는 더블린 시내로 들어갔는데, J. B.는 자신의 화실로, 윌리는 하트코트가에 있는 고등학교로 가게 되었다. 윌리는 쉬는 시간에 야생화와 곤충들을 찾아 호우트에 있는 언덕들에 올라갔다. 그는 그의 시 「그 다음에는 어떻게?What Then?」에서 다음과 같이 썼다.

그의 가까운 친구들은 학교에서 생각했을 거야
그는 어른이 되어 큰 사람이 될 거라고;
그 자신도 그렇게 생각하며 규칙대로 살았지,
이십대의 모든 시간을 고된 노력으로 채우며;
'그 다음에는?' 플라톤의 혼령이 노래했다. '그 다음에는?' ……

His chosen comrades thought at school
He must grow a famous man;
He thought the same and lived by rule,
All his twenties crammed with toil;
'What then?' sang Plato's ghost. 'What then?' …

윌리의 아버지가 윌리를 가르치는 것을 어려워했던 것처럼, 모드의 아버지 토미도 모드의 어머니가 죽고 난 후, 활발한 어린 딸을 통제하는 것을 힘들어했다. 그래서 모드가 여섯 살 때, 모드의 아버지는 유모인 메리 앤 메러디스Mary Anne Meredith를 도울 여자 가정교사를 영국에서 구하려 했지만 구할 수가 없었고, 윌리처럼 모드와 여동생은 런던 중심의 하이드파크 가든에 살고 있는 이모 오거스타의 집으로 보내졌다. 나이가 지긋한 이모는 유모와 여자 가정교사의 도움으로 아이들이 올바른 사회 예절을 배울 수 있도록 사회교육을 충실히 시켰다. 그러나 그녀 역시 활기찬 두 여자 아이를 어떻게 통제해야 할지 몰랐다.

그들의 생활은 지루하고 단순하기 짝이 없었고 곧 오거스타의 남동생인 프랜시스 쿡 경의 집으로 보내지게 되었다. 그의 포르투갈 출신 아내 에밀리는 남편보다 더 이해심이 많았으며 조카들에게 작은 선물을 주기도 했다. 에밀리는 모드와 여동생이 가정교사와 공부하는 데 진전이 없다는 것을 알게 되었고 모드는 또다시 기관지염 발작을 일으켰다. 에밀리는 다시 인도로 발령받은 토미에게 아이들이 유럽에서 교육받는 것이 더 좋을 것이라고 충고했다.

토미는 프랑스 남부에 위치한 칸 가까이에 시골집 하나를 세내어 그의 딸들과 유모 메리 앤 메러디스를 그곳으로 데리고 왔다. 가정교사로 고용된 프랑스 여성은 모드와 여동생이 받은 유일한 정식 교육을 시켜준 사람이었다.

아이들은 셈과 노래를 배우고,
책 읽기와 역사를 공부하고,
재단과 재봉도 배우고, 모든 일을 깔끔히 할 수 있게
가장 현대적인 방법으로……

The children learn to cipher and to sing,
To study reading-books and history,
To cut and sew, be neat in everything
In the best modern way···

모드가 런던을 떠난 것은 열 살 때였다. 그 후 5년간 모드는 프랑스, 이탈리아, 그리고 스위스를 오가며 살았고, 그러는 동안 어디에도 뿌리를 내리지 못했으며 독립적인 사람이 되어갔다. 모드는 동생에게 헌신적이었으나 또래의 친구들과는 우정을 쌓지 않았다.

5

남아 있는 나날들은 호흡의 낭비요,
살아온 나날들도 호흡의 낭비일 뿐
이제 맞이하는 죽음,이 삶과 균형을 맞추고 있으려니.
「한 아일랜드의 비행사, 자신의 죽음을 예견하다」

워낙 가족의 테두리 안에서만 자란 탓에 윌리가 먼 사촌인 빨간 머리의 로라 암스트롱Laura Armstrong을 보고 흥미를 가지게 된 것은 놀라운 일이 아니었다. 윌리는 그 당시 열일곱 살이었고 로라는 그보다 세 살이 더 많았으며 이미 약혼을 한 상태였다. 윌리는 로라를 비비안이라고 불렀으며 호우트에 있는 집에서 그녀가 주인공 역을 맡은 바 있는 「비비안과 시간Vivien and Time」이라는 희곡을 썼다. 윌리와 비비안은 계속 편지를 주고받았으나 2년 후 그녀는 약혼자와 결혼하게 된다.

1882년 윌리의 로맨스가 있었던 해에, 모드의 아버지 토미는 인도에서 돌아와 아름답게 잘 자란 큰딸을 보고 아주 흐뭇해했다. 모드 또한 아버지가 연대장으로 승진한 것에 대해 매우 기뻐했다. 모드와 아버지 사이에는 늘 특별한 유대감이 있었는데 모드의 아버지는 그 후로 모드를 극장, 음악 공연, 심지어 여행에도 데리고 다녔다.

모드의 여동생 캐슬린은 여행에 같이 따라가기에 너무 어린 나이라 모드의 아버지가 파리 방돔 광장의 한 아파트에 살고 있는 시제란 백작부인Comtesse de la Sizeranne이기도 한 메리 고모를 보러 갔을 때는 모드만 데리고 가게 되었다. 파리 사람들이 살아가는 모습을 보고 겁을 먹은 토미는 모드가 메리 고모와 쇼핑하고 불로뉴 숲을 마차로 다니면서 구경할 수 있도록 단 하루만의 외출을 허락했다.

그해 말, 토미는 아일랜드로 다시 발령받았으나 모드와 여동생은 이탈리아에 남아 계속 교육을 받았다. 한번은 모드가 자신의 샤프롱(chaperone: 젊은 미혼 여성이 사교계에 나갈 때 시중드는 보호자로, 보통 중년 여성)을 교묘히 따돌리고 달밤에 콜로세움에서 젊은 이탈리아 청년을 만난 적이 있었다. 그 청년은 모드에게 구혼을 했고 그녀는 승낙했다. 이 소식을 들은 모드의 아버지는 모드를 당장 더블린으로 데려왔고 그 약혼은 깨졌다.

모드는 그다지 당황해하지 않았다. 그 시기에 한 미국인이 그녀의 초상화를 그리고 있었는데 모드는 자서전에서 그 당시에 대해 이렇게 적었다. “미국인 화가는 기차역에 멋진 꽃을 한아름 가지고 와서 나에게 주었고 이탈리아 청년은 더위로 끈적끈적해진 초콜릿이 든 큰 봉지를 주었다. 그날 밤 콜로세움에 있었던 남자가 미국인 화가가 아니었던 것이 너무 아쉬웠다. 그러나…… 나는 그에게 미국에 두고 온 아내가 있다는 것을 나중에 알게 되었다.”

모드가 다시 더블린으로 돌아왔을 때, 많은 사건들이 일어나고 있었다. 그녀는 그 당시 별 관심이 없었으나 그 사건들은 나중에 그녀의 미래와 중요한 관련을 갖게 된다. 피니언 결사대의 지도자, 마이클 다비트Michael Davitt는 찰스 스튜어트 파넬Charles Stewart Parnell의 정치적 지지를 받고 소작인 동맹을 결성했다. 이 동맹은 가난한 아일랜드의 소작인들이 영국계 아일랜드 지주들에게 쫓겨나는 데 대항할 수 있도록 힘을 모았다. 다비트와 파넬은 존 딜런John Dillon과 함께 1881년에 교도소에 수감된 적이 있었다. 그러나 영국의 수상 글래드스턴Gladstone이 다음 해 킬메이넘 조약에 의거하여 그들을 풀어줬다. 대영제국(잉글랜드와 스코틀랜드, 웨일즈를 합친 것)과 아일랜드 연합이 피니언 결사대의 일원들을 풀어주는 것에 반대하자 총독과 그의 비서는 항의의 표시로 사임하게 되었다.

1882년 5월 6일, 모드와 캐슬린은 더블린에 있었기에 새로운 총독인 스펜서 백작Earl Spencer과 그의 비서 프레드릭 캐번디시 Frederick Cavendish 경의 취임식을 볼 수 있었다. 하지만 그들의 시선을 끈 것은 바로 그 행렬에 끼어 있는 아버지였다. 그날 밤 캐번디시 경과 그의 정무차관인 T. H. 버크는 더블린의 피닉스 공원에서 피니언 결사대의 무리들로 이루어진 무장단체 'Invincibles'에 의해 살해된다. 이때 열다섯 살이었던 모드는 당시의 그런 정치적인 의미들을 잘 이해하지 못했다. 게다가 모드가 더블린 성에서 만나는 상류사회 사람들은 아일랜드의 가난한 소작인에 대한 일들을 모드에게 전혀 얘기해주지 않았다.

1885년이 되었을 때 모드는 이미 사교계에 진출하여 일련의 파티에 공식적으로 참석했다. 그녀는 '부왕의 집Viceregal Lodge'에서 소개되었으며 그때를 자서전에 이렇게 기록했다. "나의 소개식에 입은 드레스는 진주색의 작은 구슬들로 수놓아져 있었으며 드레스가 마치 분수 같아 보였다."

다음날인 3월 17일, 모드는 클레런스Clarence 공작과 춤을 추게 되었는데, 그는 자꾸 그녀의 발을 밟는 것이었다. 그러나 그녀는 클레런스 공작의 노년의 아버지인 웨일스의 왕자 에드워드에 의해 그 자리를 모면할 수 있었다. 그 후 함부르크에 살고 있는 고모 메리를 방문하게 되었는데 거기서도 웨일스의 왕자가 그녀에게 접근했다. 왕실의 제안은 거절할 수 없다는 것을 알고 있었던 모드의 아버지 토미는 그 둘이 깊은 관계로 발전할까 두려워, 딸을 바그너의 오페라 하우스에서 공연하고 있었던 바그너의 음악을 들려주러 바이로이트로 데리고 갔다.

집에서 열리는 모든 사교 모임에서 모드는 아버지의 안주인 역을 맡았으며 아버지가 해외로 여행할 때는 동반자의 역할을 했다. 아일랜드에서는 즉흥 무도회가 자주 열렸는데 어느 날 아일랜드의 중부

지방으로부터 한 무도회의 초대장이 왔다. 모드의 아버지는 그날 같이 갈 수 없어 모드 혼자 가게 되었다. 저녁 식사를 하면서 파티의 주인이 소작인 동맹이 나라를 망치고 있다고 말을 했다. 그 주인은 자신이 내쫓은 소작인들 몇 명이 배수구에서 은신하고 있는 것을 보았던 것이다. 부인으로 보이는 여자는 병약해 보였으며 다음날 아침도 넘기지 못할 것 같았다. 큰 충격을 받은 모드는 이 문제를 어떻게 해결할 수 있을지 물었고, 그녀의 자서전에 의하면, 그 주인은 이렇게 답했다고 한다. "죽게 내버려둬, 이 사람들은 한번 당해봐야 돼. 그래야 배우지." 지주들에게 소작료를 내지 않거나 내지 못하는 아일랜드의 소작인들은 그들의 집에서 내쫓기어 굶주림에 시달리게 되거나 이민을 가게 된다는 것을 모드는 처음 알게 되었다. 이것에 맞서 싸우는 사람들은 감옥에 수감되었다.

모드가 가장 사랑하는 그녀의 아버지 토미도 아일랜드의 소작인들이 처한 어려운 곤경을 알고 마음을 돌리게 된다. 소작인 동맹의 시위운동을 모드와 함께 지켜본 토미는 장교로 퇴역하고 아일랜드의 자치 후보자로 아일랜드 국회에 입후보할 것이라고 모드에게 약속했지만 불행히도 그렇게 되질 못했다. 그는 장티푸스에 걸려 더블린에 있는 로열 배럭스Royal Barracks에서 1886년 11월 30일 갑자기 세상을 떠났다. 서리 주에 있는 통검 교구의 기록에 의하면 그가 세상을 떠난 것은 쉰한 살 때이며 1886년 12월 4일에 통검에 있는 가족 묘지에 묻혔다. 모드는 아버지의 죽음을 오랫동안 슬퍼했다.

수년 후, 윌리는 그레고리 부인의 아들의 죽음에 관한 「한 아일랜드의 비행사, 자신의 죽음을 예견하다An Irish Airman Foresees his Death」라는 시를 쓰게 되는데, 그 시는 그 당시 모드가 겪었던 심정을 잘 나타낸다.

> 남아 있는 나날들은 호흡의 낭비요,
> 살아온 나날들도 호흡의 낭비일 뿐
> 이제 맞이하는 죽음,이 삶과 균형을 맞추고 있으려니.

> The years to come seemed waste of breath,
> A waste of breath the years behind
> In balance with this life, this death.

6

그녀가 가버린 곳을 찾아내,
입맞추고 두 손을 잡으며……
「떠도는 앵거스의 노래」

시에 대한 윌리의 새로운 관심은 아버지를 기쁘게 했다. 대학 교육을 받을 만한 형편이 못 돼 윌리는 킬데어가에 위치한 메트로폴리탄 미술학교에 다니게 되었다. 그 학교에서 윌리의 가장 친한 친구는 조지 러셀George Russell이었는데, 두 사람은 함께 시를 썼으며 그들 사이에는 시에 대한 선의의 경쟁이 있었다.

예이츠의 가족은 다시 한 번 이사를 했다. 이번에는 더블린의 해럴드 크로스에 있는 애시필드 테라스 10번지로 옮겼다. 대학 시절에 법을 공부했기 때문에 J. B.는 법조계 사람들을 많이 알고 있었다.

그는 새 주소가 그들에게 더 접근하기 쉽기 때문에 친구들이나 같은 대학교 출신의 성공한 법률가들이 초상화를 그리러 자기를 많이 찾아오기를 기대했다. 그 당시 그의 가장 큰 포부는 판사 한 사람을 손님으로 모시는 것이었다! J. B.는 그림을 그리기 전에 손님들과 좋은 관계를 만들려고 노력했는데 그림을 그리는 데 시간을 쓰기보다는 그들과 얘기하는 데 더 많은 시간을 할애했다. 결국 그는 초상화로 거의 돈을 벌지 못했다.

윌리는 아버지의 친구들을 많이 만날 수 있었다. 그리고 찰스 허버트 올드햄(Charles Hubert Oldham, *Dublin University Review*의 편집장)이 설립한 '현대 클럽Contemporary Club'을 알게 되어 거기서 사회적 · 정치적 문제와 문학적인 주제에 대해 대화를 나눌 수 있었다. 이 모임에서 윌리는 자신의 작품들을 사람들에게 읽어주었고 어떤 사람들은 윌리가 머지않아 아일랜드 최고의 시인들 중 한 사람이 될 것이라는 것을 바로 알아봤다.

윌리가 만났던 회원 중에 민족주의 활동 때문에 도셋의 포틀랜드 교도소에 수감되었던 피니언 결사대의 일원 존 오리어리가 있었다. 존은 자신의 수감생활에 대해 별로 얘기하려고 하지 않았다. 그의 체포와 형벌, 그리고 그가 속해 있었던 피니언 결사대의 활동에 대해 얘기해준 사람은 존의 누이 엘렌이었다. 윌리는 그녀의 얘기에 감동을 받게 된다. 이 일로 윌리는 아일랜드의 민족주의에 대한 관심을 오래도록 가지게 된다.

한편 윌리는 AE(George Russell의 애칭)와 1885년 여름에 만나게 된 캐서린 타이넌이라는 작가와 문학적인 친구로 꾸준하게 우정을 쌓아갔다. 윌리는 캐서린을 오리어리의 집에서 자주 보게 되었고 결국 그 둘의 집안은 평생의 친구가 되었다.

윌리는 그의 아버지를 통해서 트리니티 칼리지의 영문학 교수인 에드워드 다우든Edward Dowden을 알게 되었다. 에드워드는 책이 많이 소장되어 있고 라스가에 위치해 있는 자신의 집에 J. B.와 그의 아들을 초대했다. 윌리는 이자벨라 폴렉스펜에게 받은 시네트AP Sinnett의 『비교(秘教)의 불교*Esoteric Buddhism*』라는 책에 대해 다우든과 토론하기 위해 가져왔다. 윌리는 이 책을 학교 친구인 찰스 존스턴에게도 보여주었는데 찰스는 나중에 불교로 개종하게 되었다. 찰스와 윌리는 다섯 명의 친한 친구들과 동양 종교와 마술을 장려하기 위하여 요크가에서 더블린 비밀집단을 만들었다. 그들은 자신들이 자연을 예측할 수 있는 선견지명과 힘을 가지고 있다고 주장했는데 이 믿음은 나중에 윌리의 인생에 깊은 영향을 미치게 된다.

J. B.는 가족과 새로운 하녀 로즈, 그리고 다니엘 오코넬이라는 고양이를 데리고 1887년 다시 런던으로 이사 갔다. 이번에는 얼스코트에서 살게 되었고, 다시 치스윅에 있는 블렌하임가 3번지로 집을 옮겼다.

윌리의 남매들은 각각 유급직으로 고용되었다. 윌리는 시를 썼고, 잭은 『베지테리언*The Vegetarian*』이라는 신문사에서 그림을 그렸다. 나중에 잭은 '맥코이 선생'이라는 말을 소재로 한 만화를 창작

해 함스워스 출판사를 통해 출판했다. 릴리는 메이 모리스 밑에서 자수 일을 했는데, 처음에는 10실링의 주급을 받았으나 릴리의 노고는 나중에 조수로 승진되면서 좋은 보답을 받았다. 롤리는 치스윅 학교에서 계속 가르쳤다.

예이츠 가족은 표면적으로 성공한 듯 보였지만 재정적인 어려움이 많았다. 빈번한 이사는 금전 부족과 다른 곳에 가면 더 잘살 수 있다는 J. B.의 신념 때문이었다.

J. B.는 동네 모임에서 트리니티 칼리지 친구인 존 토드헌터John Todhunter를 만나게 된다. 존과 그의 아내가 예이츠가를 방문하게 되었는데, 윌리는 그들에게서 3실링을 빌려 차와 버터 그리고 마멀레이드를 사고 나서야 손님들에게 다과를 내올 수 있었다.

J. B.의 부인 수잔은 미술 때문에 가족이 가난하다고 믿었다. 그래서 남편의 일에 전혀 관심을 보이지 않았고 남편의 화실이나 전시회에 한 번도 가지 않았다. 수잔의 백내장은 그녀를 계속 괴롭혔고, 1887년 여름에는 중풍이 와 그녀의 정신에 영향을 미치게 되었다. 릴리는 어머니를 요크셔에 있는 이모에게 데려갔다. 수잔은 좀 나아지는 듯했으나 런던으로 돌아온 그녀는 다시 찾아온 중풍으로 계단에서 굴러 떨어지게 된다. 수잔은 방에서만 지내게 되었다. 윌리는 어머니에 대해 이렇게 묘사했다. "어머니는 드디어 금전적인 문제에서 해방이 되셨고 런던의 한 창가에서 새들에게 먹이를 주면서 더할 나위 없는 행복을 찾으셨다." 이러한 연유로 1889년 어느 1월에 모드가 예이츠의 집을 방문했을 때 예이츠의 어머니는 마중을 나올

수가 없었다.

윌리는 모드를 전에 만난 적이 있었던 것 같은 느낌이 들었는데 그것은 아마 예전에 '현대 클럽'에서 그녀의 사진을 본 적이 있어 그랬을 것이다. 「떠도는 앵거스의 노래The Song of Wandering Aengus」가 그러한 그의 느낌에 대해 쓴 것일 수 있다.

머릿속에 불이 타올라,
개암나무 숲으로 나갔지,
개암나무 가지를 잘라 껍질을 벗기고
딸기 한 알 실에 꿰어;
하얀 나방들이 나래짓 하고,
나방 같은 별들이 가물가물 꺼져갈 때,
그 딸기를 시냇물에 던져,
은빛 자그마한 송어 한 마리를 잡았네.

한 마리 송어 바닥에 내려놓은 채
다시 불이 타오르게 바람을 불려는데,
바닥 위에 무언가 버스럭거리고,
누군가가 내 이름을 부르는 소리 들렸네:
작은 송어 한 마리 아스라이 빛나는 소녀가 되어
머리 가득히 사과꽃 활짝 피운 채,
내 이름을 부르며 달아나
밝아지는 하늘로 사라졌네.
빈 골짜기와 구릉진 언덕을 방황하면서,

내 비록 늙었으나
그녀가 가버린 곳을 찾아내어,
입맞추고 두 손 잡으리;
훌쩍 커버린 채색된 풀밭을 거닐면서,
세월이 흘러 세월이 잊혀질 때까지 따리라
은빛 달의 사과를,
금빛 해의 사과를.

I went out to the hazel wood
Because a fire was in my head,
And cut and peeled a hazel wand,
And hooked a berry to a thread;
And when white moths were on the wing,
And moth-like starts were flickering out,
I dropped the berry in a stream
And caught a little silver trout.

When I had laid it on the floor
I went to blow the fire aflame,
But something rustled on the floor,
And someone called me by my name:
It had become a glimmering girl
With apple blossom in her hair
Who called me by my name and ran
And faded through the brightening air.
Though I am old and wandering

Through hollow lands and hilly lands,
I will find out where she has gone,
And kiss her lips and take her hands;
And walk among long dappled grass,
And pluck till time and times are done
The silver apples of the moon,
The golden apples of the sun.

7

그런 여인으로 대체 무얼 할 수 있었을까?
그녀에게 불태울 수 있는 트로이가 또 있었단 말인가?
「제2의 트로이는 없다」

아버지 토미가 세상을 떠나자 모드와 여동생 캐슬린은 후견인이 된 와인 수입업자 큰아버지 윌리엄의 집에서 살게 되었다. 큰아버지는 런던의 세인트 헬렌스 플레이스 11번지에 살았고 아버지 토미의 동반자로 화려한 생활을 누렸던 모드는 1887년 초, 큰아버지의 집에 적응하려 노력하고 있었다. 모드는 인생의 반 이상을 더블린 밖에서 살았지만, 더블린을 자신의 고향으로 생각했다. 윌리는 그해에 런던으로 다시 이사를 했다. 오랜 세월을 아일랜드 밖에서 지냈지만 윌리도 런던에 사는 것이 마치 추방당해서 런던에 있는 것 같았다.

어느 날 로빈스 부인이라는 사람이 큰아버지의 집으로 전화하여 토미의 친딸을 데리고 있다고 주장했다. 큰아버지 윌리엄은 믿으려 하지 않았으나 모드는 아버지가 죽어가면서 로빈스와 비슷한 이름 앞으로 수표를 썼던 것을 기억하고 로빈스 부인의 이야기를 받아들였다. 로빈스 부인에게 돈을 주도록 큰아버지를 설득하고 그녀의 주소를 알아냈다.

이 여인은 사실 마거릿 윌슨Margaret Wilson이라는 이름을 가진 아일랜드 태생의 여성이었으며 그녀의 아기 이름은 아일린Eileen이었다. 모드는 에드워드가에 있는 그들의 아파트를 찾아갔다. 처음 그들을 만나러 갔을 때에는 돈이 별로 없었지만, 그 후 6년 동안 모드는 마거릿과 아일린을 도왔고 그 이후에도 그들이 안정적으로 정착할 수 있도록 힘을 보탰다. 마거릿은 이전의 결혼에서 낳은 아들이 하나 있었다. 그 아들은 선원이었고 나중에 1차 세계대전에서 죽었다.

모드가 마거릿을 도울 돈이 없었던 이유는 큰아버지 윌리엄이 모드와 캐슬린을 자제시키기 위해 아버지가 남긴 땅의 값어치가 얼마 안 된다고 잘못 알려줬기 때문이다. 큰아버지는 모드와 캐슬린을 입양하겠다는 이모 오거스타 쿡의 제안을 고려해보라고 했다.

모드와 여동생 캐슬린은 사촌들인 찰스 곤의 딸 메이May, 초르티Chortie와 친해졌다. 이 네 여자는 큰아버지의 제안에 대해 논의한 후 같이 자립하여 살기로 결정했다. 메이와 모드는 견습 간호사가 되기 위해 체링 크로스 간호협회에 지원했다. 메이는 합격했으나,

모드는 약한 폐 때문에 떨어졌다.

어릴 때부터 모드는 웅변 레슨을 받았었고 아마추어 연극에서도 공연을 해 허먼 베즌Herman Vezin이라는 배우한테서 칭찬을 받았었다. 허먼은 그해 봄, 런던의 강가에 있었는데 모드가 다가와 연기자가 될 수 있도록 도와달라고 부탁했다. 큰아버지 윌리엄과 가족들은 모드가 레퍼토리 극단이 여는 「하티즈Heartease」라는 연극에 주연으로 출연해 연기자로 데뷔한다는 것을 알고 깜짝 놀라게 된다. 그러나 연극이 시작하기 바로 직전 모드는 폐출혈로 쓰러졌다.

대고모 메리, 시제란 백작부인이 모드를 구하러 왔다. 첼시에 살고 있었던 대고모 메리는 모드가 다시 건강을 찾을 때까지 간호했고, 어느 정도 회복하자 모드와 캐슬린을 중부 프랑스의 오베르뉴 산악 지대에 위치한 로얏의 한 고급 온천장으로 보냈다.

모드는 건강을 되찾아가던 중 치유 효험이 있다는 온천을 즐길 겸 자신의 정치적 우상인 조르주 불랑제Goerge Boulanger 장군과 가까이하기 위해 로얏을 찾은 변호사이자 기자인 루시앙 밀레보이Lucien Millevoye라는 사람을 만나게 된다. 루시앙은 모드보다 열다섯 살이나 많은 유부남에 앙리라는 아들을 두고 있었다. 하지만 부인 아드리엔느와 별거 상태였다.

산책로에서 만난 둘은 매일 산책을 같이 했고 루시앙은 불랑제 장군에 관해 얘기해주었다. 불랑제 장군은 전쟁으로 인해 장관이라는 지위를 잃었었는데 루시앙과 그 밖의 몇몇 사람들이 불랑제 장관이 권력을 다시 되찾을 수 있도록 노력하고 있었던 것이다. 루시앙은 나중에 프랑스가 1870년 독일에게 뺏긴 알자스-로렌 지방을 되찾는 데 기여하게 된다. 모드는 그에게 아일랜드의 정치적 상황을 얘기해주었고, 그는 모드에게 연기 생활을 포기하고 아일랜드의 잔 다르크가 되도록 헌신하라고 설득했다. 영국은 공동의 적이 되었고 그들은 동맹을 맺었다. 그는 프랑스 언론에 아일랜드의 대의를 알리고, 모드는 불랑제당의 대의를 지지하기로 했다. 그는 모드에게 시골 여관에서 불랑제 장군과 그의 정부 마르그리트 본맹Marguerite Bonnemain을 소개시켜주었다.

모드가 체력을 완전히 회복하고 난 후, 루시앙과 함께 퓌 드 돔의 산기슭의 언덕에 놀러간 일이 있었다. 모드는 아버지의 인품과 장점들을 루시앙에게서 찾을 수 있었다. 그는 세상 물정에 밝은 남자였으며, 사려 깊고 용감하고 자신의 이상을 위해서 언제든지 싸울 준비가 되어 있었다. 모드는 굉장히 아름다웠고 루시앙은 이혼 후 그녀의 위로가 필요했다.

무엇이 그녀의 마음을 이렇게 평온하게 했을까,
고결함이 만들어놓은 단순함과,
팽팽하게 당겨진 활 같은 아름다움이
이 시대와 너무 어울리지 않은 여인,
고고하고 고독하고 준엄하기 짝이 없는
그런 여인으로, 대체 무얼 할 수 있었을까?
그녀에게 불태울 수 있는 트로이가 또 있었단 말인가?

What could have made her peaceful with a mind
That nobleness made simple as a fire,
With beauty like a tightened bow, a kind
That is not natural in an age like this,
Being high and solitary and most stern?
Why, what could she have done, being what she is?
Was there another Troy for her to burn?

그해 늦가을 모드는 대사관에서 한 달을 같이 보내자는 주 터키 영국 대사의 딸 릴라 화이트Lilla White의 초대를 받고 터키로 간다. 루시앙은 마르세유에 있던 배로 마중 나왔고 모드에게 원숭이 한 마리를 선물했다. 모드는 재미 삼아 '샤프롱' 이라는 이름을 붙였다.

1887년 크리스마스에 성년을 맞은 모드는 아버지의 재산에 대한 진실을 알게 된다. 아버지가 1865년에 만든 신탁 자금을 동생 캐슬린과 나누었다. 모드는 재정적으로 완전히 독립할 수도 있고, 원하는 곳에 마음대로 돌아다닐 수도 있고 아일랜드의 큰 뜻을 위해 자신을 바칠 수도 있었다. 모드는 결혼에서 오는 제재나 책임을 가질 필요 없이 연인을 가질 수 있다는 생각에 흥분감까지 느끼게 되었다.

도울 일이 있으면 불랑제당을 돕겠다고 약속하고 파리로 돌아온 모드에게 프랑스 극우 민족주의자인 줄리엣 아담Juliette Adam 부인이 도움을 청해왔다. 러시아와의 협정에 낼 제안서들을 상트 페테르부르크로 가져가달라는 부탁이었다. 모드가 가져갈 서류 내용은 러시아가 보스포루스 해협를 장악할 수 있도록 프랑스가 돕는 대신 러시아가 프랑스와 동맹을 맺어 독일에 저항하자는 것이었다. 이러한 협정은 대영제국의 세력을 약하게 만들 수 있다고 모드는 생각했다. 이 모험은 그녀의 상상력에 불을 붙였고 루시앙의 권총과 '샤프롱' 이라고 불리는 자신의 원숭이를 데리고 바로 떠나게 되었다. 여정 도중에 문서들이 순서대로 정리되어 있지 않은 것을 발견하고는 '적' 의 도움을 요청하지 않을 수 없었다. 도움을 청한 그 '적' 은 독일인이었는데, 모드의 목적지까지 같이 동행해주었고 그녀의 여정을 즐겁게 해주었다. 모드는 서류를 제시간에 배달했으나 마중 나온 러시아 사관이 친독일파여서 제대로 대접을 받지도 못했다. 하지만 소개받아 알게 된 캐서린 라지윌Catherine Radziwill 공주의 도움으로 러시아 방문을 즐겁게 마칠 수 있었다.

아일랜드의 일에 다시 큰 관심을 가지게 된 모드는 임무를 끝내고 아일랜드로 다시 돌아가 아일랜드 국회의 지방자치 의원직에 있던 아일랜드 소작인 동맹의 설립자 마이클 다비트를 찾아갔다. 모드는 그에게 아일랜드의 반란군이 영국에게 하는 어떠한 행위도 범죄가 아니라 전쟁 행위로 봐야 한다고 말했다(마침내 이러한 태도는 '모드곤잉Maudgonning' 이라는 새 단어로 표현되기도 했다. 이 단어는 대담한 방법으로 대의를 위해 싸우는 것을 의미했다. 결국 모드는 정치가로서 진지하게 받아들여지지는 않았던 것이다). 다비트는 불을 지르는 것이나 암살하는 것에는 반대였다. 그는 모드의 노력들을 아일랜드당의 불법 행위와 관련된 영국의 선전을 반박하는 데 돌리려고 애썼다.

더블린에 있을 때 모드는 유년 시절의 친구인 제임슨가에 머물렀다. 이다 제임슨Ida Jameson은 영국 지배하에 있는 아일랜드와 1870년의 두 독일(동독, 서독)의 독립을 위해 일하겠다고 모드와 약속했고, 두 여자는 그들의 약속에 도장을 찍는 의미에서 '에이레'(아일랜드 공화국의 별칭. 옛 이름)라는 단어가 새겨진 금반지를 맞췄다. 그 당시에 더블린의 클럽에 여자가 회원이 되는 것은 불가능했다. 이다를 통해 모드는 '현대 클럽'의 설립자 찰스 허버트 올드햄을 만났다. 그녀의 자서전에 의하면 찰스는 모임의 남자들에게 자신을 이렇게 소개했다고 한다. "모드 곤은 존 오리어리를 만나고 싶어합니다. 여러분들도 모드 곤을 만나고 싶어할 것 같아서 소개합니다." 오리어리는 망명 생활을 막 마치고 와 있었고 더글러스 하이드, AE(조지 러셀), J. F. 테일러, J. B., 그리고 윌리 예이츠도 멤버들 중에 있었다. 올드햄이 지지하는데도 오리어리는 소작인 동맹을 지지하지 않는다는 것을 듣고 모드는 놀랐다. 오리어리는 모드에게 더블린에 오면 언제든지 이 모임에 놀러 오라고 했고, 그의 누이 엘렌을 만나러 오라고 초대했다. 나중에 오리어리와 올드햄은 클럽 사방 벽에 모드의 그림을 걸었다. 남성 클럽에 초대를 받은 모드에게 이것은 승리였으나 오리어리는 그녀의 빼어난 미모와 의욕을 영국계 아일랜드의 상류층 사람들을 그들의 큰 뜻에 동참시키는 데 이용할 수 있다고 생각했다.

'현대 클럽'의 많은 멤버들은 독창적인 아일랜드의 문화 운동을 확립시킬 '켈트 문화의 부흥'의 창시자들이 되었다. 모드는 지식인이 아니었으나 오리어리가 켈트의 신화와 아일랜드의 시에 관한 책을 읽도록 북돋아주었다. 엘렌도 시를 썼다는 것을 알게 된 모드는 그 시들이 출판될 수 있도록 올드햄과 함께 재정적으로 보조해주었다. 아일랜드의 시에 대한 새로운 관심 때문에 모드는 엘렌이 써준 자신에 대한 소개 편지를 들고, 1889년 그날 J. B. 예이츠와 그의 젊은 아들이자 야심만만한 시인 윌리 예이츠를 만나러 갔던 것이다.

8

나는 가난해서 오로지 꿈만 가졌으니……
사뿐히 밟으소서, 나의 꿈을 밟는 것이니
「그는 하늘나라의 옷감을 소원하네」

첫 만남에서 윌리는 모드와 앞뒤 돌아보지 않고 사랑에 빠졌으나, 이미 루시앙을 사랑하고 있던 모드는 윌리를 그런 식으로 생각하지 않았다. 비록 윌리가 모드보다 한 살이 많았으나 모드는 윌리를 '소년' 이라고 생각했다. 이 미숙한 젊은이가 어떻게 그녀의 성숙한 애인과 비교가 될 수 있었겠는가? 윌리가 그녀에게 완전히 반했다는 사실만으로는 모드에게 그리 큰 인상을 남기지 못했다. 멋있는 남성들이 모드를 추종하는 것은 그녀에게 늘 있는 일이었다.

윌리가 모드에게 그리 큰 인상을 남기지 않았다는 것은 분명한 것 같다. 왜냐하면 윌리와 만나고 석 달 후 모드는 루시앙의 아이를 임신하게 되었다. 그들의 아들 조지는 1890년에 태어났다. 이 커플은 비록 한동안은 같이 지냈지만 그들의 관계는 정치운동의 실패로 불랑제가 브뤼셀로 달아난 1889년 4월까지 지속되지는 않았을 것이라고 안나 맥브라이드 화이트Anna MacBride White가 암시했다. 어쩌면 모드가 그때에도 루시앙을 위로하고 있었는지 모른다. 왜냐하면 훗날 윌리에게 "성적인 사랑은 아이들에 의해서만 정당화된다"고 말했기 때문이다.

모드와 루시앙은 그들의 아이를 사랑했지만, 아들을 프랑스에 있는 유모에게 보냈고 이 아이는 모드의 공적인 생활에 한 번도 낀 적이 없었다.

모드의 미모는 많은 남성들을 매료시켰다. 도미니크 달리Dominic Daly에 의하면 1888년 12월 16일, 모드가 윌리를 만나기 한 달 전, 더글러스 하이드가 일기에 이렇게 기록했다. "저녁때 시거슨 저택에 갔었는데 내가 여태껏 보았던 여성들 중에 가장 눈부시게 아름다운 여인을 보았다. 모드 곤, 그녀는 방 안에 있던 모든 남성들의 시선을 끌었다…… 우리는 새벽 1시 반까지 얘기했다. 그녀의 아름다움 때문에 어지러웠다."

모드는 하이드에게 아일랜드어를 가르쳐달라고 부탁했고 하이드는 젊은 여가수 프랜시스 크로프톤Frances Crofton과의 로맨스에도 불구하고 2월에서 3월까지 모드와 정기적으로 만났다. 그는 이런 만남들을 그의 일기장에 이렇게 기록했다. "점심식사 때까지 머물러 화롯불 옆에 같이 앉아 치즈를 구워먹었다. 우리는 온갖 것에 대해 얘기를 했다…… 아일랜드어 공부는 별로 하지 않았다." (……) "우리는 화롯불에서 같이 만든 오믈렛을 점심으로 먹었다. 그녀는 매우 친절했으며 자신의 초상화를 나에게 선물했다." 모드는 그와 함께 신지학 모임과 범켈트인 모임Pan Celtic Society에 갔다. 그러나 두 달도 못 되어 이들의 만남은 점점 뜸해졌는데 이것은 아마 모드의 임신 때문이었을 것이다. 자서전에 모드는 이렇게 썼다. "더글러스 하이드 씨, 결국 당신은 나를 아일랜드어 연설자로 만드는 데 성공하지 못했고 나도 당신을 혁명가로 만들지 못했네요."

이 관계는 윌리를 질투 나게 했었을 수도 있다. 그는 3월에 캐서린 타이넌에게 이렇게 썼다. "내가 '곤 양에게 마음을 뺏겼다'고 누가 그러던가요? 그녀가 아주 예쁘다고는 생각하지만 그것이 전부입니다. 곤 양이 센세이션을 좋아하는 것 같다고 당신이 말했었죠. 그것은 사실인 것 같습니다…… 정신이 반쯤 미친 것 같은 천재적인 면만 빼면, 로라 암스트롱이 연상돼요…… 비록 아직까지는 신화와 상징이지만, 곤 양보다는 로라 암스트롱이 저에게는 훨씬 더 흥미롭습니다."

모드의 마음과 관심은 프랑스에 머물고 있는 루시앙과 그의 나라에 가 있었다. 불랑제 장군은 1889년 1월에 하원의원 자리를 획득했는데 그의 추종자들은 그로부터 정부 건물을 함락시키라는 명이 떨어지기를 기다렸다. 하지만 그들의 기다림은 허사로 돌아갔다. 레벤슨에 의하면 불랑제 장군은 이렇게 말했다고 한다. "6개월만 있으면 프랑스에서 만장일치의 표결로 내가 권력을 쥐게 될 텐데, 왜 굳이 불법으로 지금 권력을 잡아야 하는가?" 장군은 그의 정부와 휴가를 갔다. 그가 휴가를 떠난 동안 그의 '우국지사 연맹League of Patriots'은 와해되고 1889년 8월 정부를 전복하려는 음모를 꾸몄다는 죄로 불랑제 장군은 유죄 선고를 받게 된다. 1889년 10월이 되자 그의 지지자들 중 40명만이 선출이 되고 이듬해 4월이 되자 그 수는 2명으로 줄어들었다.

아들이 태어나기 전인 1890년 1월, 모드는 아일랜드에 다시 가 있었으며 아일랜드 서부에서 쫓겨난 사람들을 대표하여 연설을 하고 다녔다. 이 시기에 모드는 윌리를 만났으며 그들의 우정은 깊어갔다. 그는 그녀에게 시를 썼고 그 시들은 그녀를 기쁘게 했다. 그는 모드에 대해 가망 없는 사랑에 빠져 있었으며 그의 『회고록』에서도 이것을 인정한다. 그러나 부끄러움 때문에도 그랬지만, 모드가 가난한 학생의 부인이 되는 것을 상상할 수 없었던 윌리는 그녀를 향한 그의 사랑을 말하지 않았었다. 그런 그의 심정은 「그는 하늘나라의 옷감을 소원하네He wishes for the Cloths of Heaven」라는 시에 표현되어 있다.

만일 내게 황금빛과 은빛으로 짜여진,
하늘나라의 수놓아진 옷감이 있다면,
밤과 낮, 희미함의
푸르른, 어슴푸레한, 그리고 어두운 빛의 옷감이 있었다면,
나는 그 옷을 당신의 발아래 깔아드렸으리.

하지만 나는 가난해서 오로지 꿈만 가졌으니,
당신의 발아래 내 꿈을 깔아드릴 수밖에
사뿐히 밟으소서, 당신은 나의 꿈을 밟는 것이니.

Had I the heavens' embroidered cloths,
Enwrought with golden and silver light,
The blue and the dim and the dark cloths
Of night and light and the half-light,
I would spread the cloths under your feet:
But I, being poor, have only my dreams;
I have spread my dreams under your feet;
Tread softly because you tread on my dreams.

그래도 여전히 모드는 윌리에게 루시앙에 대해서 말하지 않았다. 1889년 12월 윌리엄 오쉐이William O'Shea 장군이 부인 키티Kitty를 상대로 이혼 소송을 냈고, 키티와 파넬의 불륜이 사람들에게 널리 알려졌다. 같은 달 모드는 동생과 토머스 데이비드 필처Thomas David Pilcher 장군의 결혼식에 참석하기 위해 런던을 방문했다. 모드는 혹시나 파넬과 같은 파멸을 당해 아일랜드의 열녀로서의 명성이 위태로워질까봐 자신의 연애를 비밀로 하기로 결정했다.

모드는 윌리의 꿈을 주목하기에는 너무 바빴다. 그녀는 루시앙과 자신의 아들이 있는 프랑스, 영국, 그리고 아일랜드를 오가며 지냈다. 윌리는 기회가 허락하는 한 그녀를 만났다. 그는 모드가 많은 개와 새, 심지어는 다 큰 매를 데리고 다니는 것에 놀랐다. 마차는 늘 새장과 우리로 가득 찼고 이 동물들 때문에 그녀의 마차에 합류하는 사람은 거의 없었다.

이 시기까지 모드는 적극적인 정치적 행동주의자들의 작은 단체들하고만 얘기했었다. 그러나 이제는 랭커셔의 바로우-인-퍼니스Barrow-in-Furness에서 아일랜드 의회당 소속인 팀 해링턴Tim Harrington을 대신하여 연설을 해달라는 부탁을 받았다. 그것은 모드의 첫 공개연설이 될 것이었다. 모드는 아일랜드 소작인들이 집세를 안 냈다는 이유로 집에서 쫓겨나고 있는 실정에 대해 열정적으로 얘기했다. 너무 열중하고 흥분한 나머지 울음을 터뜨렸는데, 놀랍게도 관중들은 열광적으로 박수를 치기 시작했다. 그 뒤로 모드는 이 방법을 몇 번이고 되풀이했다.

소작인 동맹의 활동 때문에 감옥에 수감되어 있는 남편들을 둔 몇 명의 도니걸Donegal 여성들을 대표하여 그녀는 영국 국회의원들을 만나러 갔다. 그녀의 자서전에 따르면, 의원들 중 한 사람인 '존 경'이 그녀에게 매혹되어 감옥에 관한 얘기보다는 사랑에 대해 더 이야기하고 싶어했다는 것이다. 1890년 모드가 도니걸에서 쫓겨난 사람들을 위해 일하고 있을 때, '존 경'이 런던에서 와 자신과 결혼하여 영향력 있는 사람들을 많이 만나 아일랜드 소작인들의 곤궁한 상황을 말할 수 있게 되면 아일랜드를 위해 더 많은 일을 할 수 있다고 설득했다. 그는 사랑의 표시로 모드에게 다이아몬드 펜던트를 주었는데 모드는 단 1초의 망설임도 없이 퇴거를 당할 처지에 놓여 있는 여인에게 그 물건을 주었다. 이 소식을 들은 '존 경'은 펜던트를 찾기 위해 다시 왔으며 다시는 돌아오지 않겠다고 다짐하며 떠났다.

남자들을 마음대로 할 수 있는 모드의 이런 능력은 윌리를 굉장히 힘들게 했는데 낙담하는 그의 마음은 「학자들The Scholars」에 잘 나타나 있다.

자신의 죄를 잊어버리는 대머리들,
나이 들고, 학문 깊은, 존경스러운 대머리들,
시 구절을 편집하고 주석을 다는데,
저 젊은이들은, 침대에서 뒹굴며,
실의에 빠진 사랑으로 시를 쓴다네,
무식한 미인의 귀에 아첨을 떨기 위해……

Bald heads forgetful of their sins,
Old, learned, respectable bald heads
Edit and annotate the lines
That young men, tossing on their beds,
Rhymed out in love's despair
To flatter beauty's ignorant ear…

그녀의 마음을 얻고자 하는 사람들이 모두 대머리였던 것은 아니다. 진보주의 법정 변호사인 존 몰톤은 아일랜드 재야 내각의 비서관 존 몰리John Morley의 비서관이 되자마자 도니걸의 소작인들을 석방하는 데 도움을 주겠다고 했다. 모드는 이 일에 대해 이렇게 썼다. "나를 위한 헌신은 몇 년 동안 지속되었다. 나는 그것이 그의 커리어를 망치지나 않을까 두렵기도 했지만, 죄수들을 위해서라도 그를 고무할 수밖에 없었다."

모드는 미모가 가져다주는 힘, 즉 이런 남자들을 거느릴 수 있는 힘을 즐겼다. 하지만 그녀는 루시앙에게 육체적으로 충실했다. 루시앙의 아내로 지내는 것보다 그의 정부로 지내는 것이 그녀에게 잘 맞았다. 아이는 물론 루시앙의 곁에 있을 필요가 없다고 느꼈고, 아일랜드의 '큰 뜻'을 이루기 위한 자신의 일이 얼마나 중요한지 루시앙이 알고 그녀의 부재를 이해해주리라 믿었다. 하지만 이해하는 것에도 한계가 있었다. 루시앙은 모드가 무슨 일을 하는지 보려고 아일랜드로 따라왔다. 어쩌면 존 경이나 몰턴Morton에 대한 이야기들이 그의 귀에 들어갔는지 모른다. 그는 멀리 돈퍼니히Dunfanaghy까지 갔지만 갑자기 병을 얻게 된다. 모드는 자신을 따라다닌 것에 대해 크게 화가 났지만 루시앙이 아프다는 소식을 듣자 그를 만나러 갔다. 의사들은 그가 폐렴은 면했다고 했다. 회한의 마음으로 모드는 루시앙이 다시 건강을 찾을 때까지 간호했으나 그 주가 끝날 때쯤 그들은 말다툼을 하게 되고 루시앙은 혼자서 프랑스로 돌아갔다. 모드는 계속되는 기침을 치료하기 위해 남아 있었다.

건강이 호전되자 모드는 도니걸로 돌아갔다. 윌리는 그녀를 몹시 그리워했고 그의 유일한 라이벌이라고 생각했던 그녀의 정치 활동을 싫어하기 시작했다. 「제2의 트로이는 없다No Second Troy」에서 그는 이렇게 말한다.

내가 왜 그녀를 원망해야 하는가?
나의 삶을 온통 비참하게 만들었다고
이제는 무지한 사람들에게 아주 폭력적인 것들을 가르치고,
작은 길들을 큰 거리로 내던졌다고,
그들은 갈망하는 만큼의 용기를 가졌던 것인가?

Why should I blame her that she filled my days
With misery, or that she would of late
Have taught to ignorant men most violent ways,
Or hurled the little streets upon the great,
Had they but courage equal to desire? …

모드의 정치활동 때문에 화가 나기 시작한 것은 윌리뿐만이 아니었다. 더블린 성에서도 모드가 도니걸의 소작인 퇴거 운동을 다시 원상으로 돌리는 데 큰 책임이 있었다고 생각하고 그녀의 구속 영장을 발부했다. 그 영장이 효력을 발휘하기 전에 모드는 감옥에 가는 것을 피하고 프랑스에 있는 루시앙과 아들을 보기 위해 아일랜드를 떠난다. 모드는 프랑스에서 아일랜드의 퇴거 운동과 정치적 감금에 대한 글들을 쓰기 시작했고 루시앙은 그 글들을 편집하여 『르뷔 앵테르나쇼날*La Revue Internationale*』에 게재되도록 했다. 이러한 기사들 때문에 프랑스 가톨릭 단체들로부터 연설자로 초대를 받았고 그 단체들은 굶주리고 있는 소작인들과 수감자들의 가족을 위한 돈을 모드에게 건넸다. 모드의 화려한 연설들과 루시앙의 영향력으

로 1년 동안 프랑스의 신문에 게재된 그녀의 글은 무려 2,000개나 되었다. 그 글들은 다른 나라에서도 많이 인용되었다. 모드는 아일랜드의 비참한 현실을 널리 퍼뜨리기 시작했고, 이것은 해외에서의 영국의 평판에 큰 영향을 미치게 되었다.

'큰 뜻'을 위해 꾸준히 일했지만, 모드는 아일랜드를 애타게 그리워했다. 그래서 12월이 되자 아일랜드로 다시 돌아갔으나 그녀는 구속되지 않았다. 옛 마을 티퍼레리에서 퇴거당한 소작인들을 위한 뉴티퍼레리—티퍼레리 마을에서 멀지 않은 곳에서 리메릭 길에 위치—의 공식 오프닝에 참석했다. 소작인 동맹에 반대한 존 오리어리는 모드가 자신의 추종자라는 것을 부정하면서 이렇게 말했다. "모드 곤은 나의 제자가 아니다. 새 모자를 자랑하기 위해서 그 행사에 참석했을 것이다." 오리어리의 말은 사실이 아니었을 뿐만 아니라 부당한 말이었으나 이러한 태도는 그녀의 활동을 진지하게 생각하지 않았던 상당수의 아일랜드 민족주의 운동가들의 전형적인 태도였다. 모드는 아일랜드 민족주의 단체에서 권위 있는 자리에 한 번도 임명되지 않았다. 하지만 그들은 이성적이 아닌 감정적인 호소를 통해 기금을 조성하려고 그녀의 미모를 이용했다.

9

사랑하는 이여, 우리가 저 바다 포말 위의
하얀 새들이었으면 좋겠소!
우리는 사라져 없어지기도 전에
그 불길에 지쳐버렸다오……
「흰 새들」

모드가 정치활동으로 바쁜 나날들을 보내고 있을 때, 윌리는 '런던의 신지학자 모임' 에 가입했다. 그는 블라바츠키Blavatsky 부인으로부터 종교적인 영향을 받고 있었는데 곧 그녀의 비밀 모임의 제자들 중 한 명으로 받아들여졌다. 이렇게 하여 윌리는 맥그리거 매더스가 가입시켜 준 '금빛 새벽회Golden Dawn' 라는 모임의 졸업생이 되었다.

『내셔널 옵저버*National Observer*』지에 1890년 12월 「이니스프리 호도The Lake Isle of Innisfree」와 1891년 2월 「요정의 나라를 꿈꾼 남자The Man who dreamed of Faeryland」를 발표하고 난 뒤 윌리의 시 세계는 새로운 경지에 이르게 된다. 그해 말 문학동인 모임인 '라이머스 클럽Rhymer's Club'이 만들어졌고 회원들은 플릿가 가까이에 있는 와인 오피스 코트의 한 여관에서 모임을 가졌다. '체셔 치즈Cheshire Cheese'라는 이름을 가진 여관에서 만난 이 시인들은 서로의 시에 대해 얘기도 하고 평가도 해주었다.

"민족의식이 없으면 좋은 문학도 없다"라고 말한 윌리는 더블린에서 모드를 만났을 때, 자신은 아일랜드 문학을 통하여 나라 사랑에 기여하겠다고 다짐했다. 윌리의 말에 모드는 크게 기뻐했고 이 사실을 자신의 정치적 목표와 함께 루시앙에게 얘기했다. 존 경과 몰톤에 대해서도 얘기한 모드는 정치적인 이익을 위해 성적인 호의도 베풀라는 루시앙의 말을 듣고 충격을 받는다. 다른 남자들과의 하찮은 시시덕거림은 있었으나 언제나 그에게 충실했기 때문이다. 그의 제안에 실망한 모드는 당장 더블린으로 떠났다. 그녀에겐 친구가 필요했다.

모드는 윌리에게 연락을 취했다. 다운에 있는 그의 친구 찰스 존스턴과 이미 약속이 있었지만, 윌리는 모드의 호텔로 찾아갔다. 그는 1891년 7월의 그날에 대해 『회고록』에 이렇게 기록했다. "큰 키로 문가를 가득 채우는 듯한 그녀가 문을 열고 나왔다. 그녀를 보자마자 나는 강렬한 감정에 휩싸였고 연민의 정에 취하게 되었다. 그녀에게서 아름다움을 찾을 수 없었다. 얼굴은 지쳐 있었고, 뼈가 드러난 모습에 몸가짐에는 생명력이 없었다. 우리의 대화가 더 친밀해지자 그녀는 어떤 불행과 환멸감에 대해 암시했다. 옛날의 접근하기 힘든 기운은 사라졌고 부드럽고 나약해져 있었다. 나는 다시 한 번 그녀에게 사랑을 느꼈으며 더 이상 그런 감정과 싸우고 싶지 않았다. 이 여자는 어떤 아내가 될까에 대해서는 더 이상 생각하지 않았고 그녀가 필요로 하는 보호와 평화에 대해서만 생각했다."

윌리의 친절함과 이해심은 표면으로 드러났다. 윌리는 모드가 비밀로 남겨두고 싶어하는 자세한 상황들을 설명해주지 않아도 그녀를 위협하는 모든 것으로부터 그녀를 보호해주고 싶었다. 모드가 옳은지 그른지 전혀 판단하지 않았으며, 그에게 큰 상처를 주었을 때에도 윌리는 평생 그런 식으로 살았다. 그녀의 행복만을 생각했다.

윌리는 찰스와의 약속 때문에 다운 주로 떠나게 되었다. 모드는 윌리에게 전생에 둘이 남매였던 꿈을 꾼 것에 대해 편지를 썼다. 윌리는 편지를 잘못 이해하고 즉시 모드에게 돌아와 처음으로 그녀에게 청혼한다. 그녀는 거절했지만 윌리의 호의가 필요했기 때문에 우정을 요청했다.

모성애가 필요할 때 모드는 호우트에 있는 베일리 등대 근처의 시골집에 사는 자신의 옛 유모 메리 앤 메러디스를 생각했다. 거기서 보낸 유년 시절은 너무나 행복했고 윌리도 비록 다른 시기였지만 그 항구에서 보낸 시간들을 즐거워했었다. 늘 돈이 없었던 윌리는 그곳을 방문하기 위해 존 오리어리에게서 10실링을 빌렸다. 모드는 자기의 경비는 자기가 내겠다고 고집했다. 메러디스 유모는 둘이 약혼했는지 물었다!

윌리와 모드는 호우트의 언덕을 탐험했고, 만약에 새가 된다면 갈매기가 되고 싶다고 모드는 윌리에게 말했다. 「흰 새들The White Bird」에 그는 다음과 같이 표현했다.

> 사랑하는 이여, 우리가 저 바다 포말 위의 하얀 새들이었으면 좋겠소!
> 우리는 유성이 사라져 없어지기도 전에 그 불길에 지쳐버렸다오;
> 하늘 가장자리에 나지막하게 걸려 있는 황혼의 푸른 별 불길이,
> 사랑하는 이여, 우리 마음속에 사라지지 않는 슬픔을 알려주었소……

> I would that we were, my beloved, white birds on the foam of the sea!
> We tire of the flame of the meteor, before it can fade and flee;
> And the flame of the blue star of twilight, hung low on the rim of the sky,
> Has awaked in our hearts, my beloved, a sadness that may not die…

7월의 남은 시간 동안 두 사람은 많은 시간을 함께 보내게 된다. 구속당할 수도 있다는 두려움에 모드는 정치 일을 줄였고, 윌리는 「캐슬린 백작부인The Countess Cathleen」이라는 연극을 쓰고 있었으며 부분 부분을 그녀에게 읽어줬다. 그의 『회고록』에 의하면,

그것은 "평화, 훌륭함, 영혼의 아름다움을 정치적인 업무로 잃어가는 모든 영혼들을 상징했다. 그러나 특히 전혀 쉴 수 없어 보이는 모드의 영혼을 의미하는 것이었다."

그들이 함께 시간을 보내는 동안 모드는 루시앙이나 아들 이야기를 윌리에게 꺼내지 않았다. 자신의 명성을 지키려고도 했지만 모드는 윌리의 관심을 즐겼다. 그녀가 다른 사람을 사랑하고 있다는 것을 알았다면 윌리는 그렇게 전심전력의 관심을 보이지 않았을지도 모른다.

그러던 어느 날 갑자기 루시앙으로부터 전보를 받는다. 그들의 아들이 뇌막염으로 위독하다는 내용이었다. 모드는 윌리에게 불랑제 당이 자신을 필요로 하고 있어 그들의 요청을 거절할 수 없다고 말하고 프랑스로 즉시 돌아갔다.

프랑스로 돌아와서 아들 조르주가 거의 죽어가고 있는 것을 보고 그녀는 몹시 혼란스러워한다. 유모에게 늘 맡겨놓고 아들과 아주 적은 시간을 보낸 모드는 아이가 죽자 죄책감에 사로잡히게 된다. 루시앙과 모드는 그 작은 몸을 방부처리하고 특별히 세워진 기념 교회당에 아들을 묻었다. 모드는 깊은 슬픔에 빠지게 되었고 잠을 잘 수가 없었다. 클로로포름을 쓰게 되었고 이것은 습관이 되었다. 모드는 윌리에게 자기가 입양한 어린 아이가 죽었다고 편지를 보냈다.

그녀의 인생에 또 다른 죽음이 잇따랐다. 불랑제의 정부가 1891년 7월에 죽었으며 9월 30일에 그녀의 무덤 위에서 불랑제가 자살했다. 그녀의 또 하나의 영웅 파넬이 브라이턴에서 심장마비로 죽었다.

1891년 10월 11일 모드는 우연히 파넬의 시체를 운반하는 배를 타고 아일랜드로 돌아갔다. 언제나 그렇듯이 윌리가 마중을 나왔다. 그는 군중을 좋아하지도 않고 그 장례식에 동행하지도 않았으나 그 사건에 대해 「파넬의 장례식Parnell' s Funeral」이라는 시를 썼다.

사나운 구름 덩어리가 흩날린다
하늘 이리저리; 구름이 없는 곳에는,
찬란함이 남아 있고; 더 밝은 별이 떨어진다……

A bundle of tempestuous cloud is blown
About the sky; where that is clear of cloud
Brightness remains; a brighter star shoots down…

아이의 죽음 때문에 아직도 검은색 옷을 입고 있었던 모드는 글래스네빈 묘지에 있는 엄청난 무리들 중에 있었으며 황혼녘에 별이 떨어지는 것을 보았다. 그녀의 자서전에 이렇게 썼다. "관 위에 흙 떨어지는 소리가 나자 여울이 음침하게 흐린 하늘의 구름들을 갈라놓았고 밝은 유성 하나가 떨어졌다. 죽음에서 빠져나온 생명, 죽음에서 영원히 빠져나온 생명."

'죽음에서 빠져나온 생명' 의 느낌은 계속되었다. 모드는 윌리가 환생을 믿는다는 것을 알고 윌리와 AE에게 아이가 죽고 난 후 같은 부모 밑에서 다시 환생할 수 있냐고 물었다. 환생에 대한 관심 때문에 윌리와 함께 유스턴가의 메이슨홀에서 열린 '금빛 새벽회' 에서

1891년 11월 16일 회원으로 초대된다.

그해 초 모드는 불랑제당을 통해서 디사르Dissard 신부를 만난 적이 있었는데 모드에게 가톨릭 신자가 되는 것에 대해 한번 곰곰이 생각해보라고 했었다. 그때 모드는 환생에 대한 믿음 때문에 그럴 수 없다고 대답했다.

윌리는 모드와 같이 '금빛 새벽회'의 회원이라는 것이 기뻤다. "그녀가 나를 필요로 하게 되었다…… 그리고 틀림없이 그 필요가 사랑으로 변할 것이라고 나는 의심치 않는다." 「말Words」에서 이렇게 썼다.

그리고 매년 나는 외쳐왔네. '마침내,
내 사랑하는 이가 그 모든 것을 이해하리라고,
내게 강한 힘이 생기매,
말이 내 뜻을 따르리라' 라고;

하지만 그녀가 이해했다 한들
도대체 체에서 무엇이 걸러져 나왔는지 누가 말할 수 있을 것인가?
내 빈약한 말 따위는 집어치우고
편안히 삶에 안주했으리라.

That every year I have cried, 'At length
My darling understands it all,
Because I have come into my strength,
And words obey my call';
That had she done so who can say

What would have shaken from the sieve?
I might have thrown poor words away
And been content to live.

영적인 세계를 통해서 모드와 그녀의 친구들은 자신의 몸에 스스로를 투사하여 '심령과학의 경지'에서 서로의 몸을 방문할 수 있다고 생각했다. 한번은 그녀의 동생 캐슬린과 조카 토비의 몸에 들어간 경험을 묘사했다. 그러나 더블린의 엘리 플레이스에 있는 캐슬린 집의 방은 그녀의 묘사와는 달랐고 아팠던 토비의 건강을 회복시키기 위해 가족은 호우트로 이사간 상태였다.

나중에 모드와 윌리는 이런 식으로 서로를 방문했다. 존 오리어리는 이런 의식을 찬성하지 않았고 윌리는 1892년 8월 그에게 편지를 썼다. "마술에 관해서, 나에게 '약하다' 뭐다 하는 것은 어처구니없는 일입니다. 저는 사오 년 전에 심사숙고하여 이 학문을 선택했고, 시 다음으로 이 학문을 제 인생의 가장 중요한 과제로 만들기로 결정했습니다…… 만약 마술에 대해 꾸준히 연구하지 않았다면 저는 저의 블레이크 서(書)를 집필하지 못했을 것입니다. 「캐슬린 백작부인」도 존재하지 않았을 것입니다. 초자연적인 세상은 제가 하는 모든 일, 모든 생각, 그리고 제가 쓰는 모든 글의 중심입니다." 『캐슬린 백작부인 및 전설과 서정시집*The Countess Cathleen and Various Legends and Lyrics*』을 모드에게 바쳤고 '라이머스 클럽'을 그녀에게 소개해줬다.

자식을 잃은 모드는 이제 그녀의 어린 이복자매 아일린 윌슨

Eileen Wilson에게 관심을 돌렸다. 모드의 유모였던 메리 앤 메러디스가 아일린에게도 훌륭한 유모가 될 수 있으리라 생각하고 메리를 호우트 지방으로 보냈다. 1892년 러시아의 한 귀족이 그의 아이들에게 영어를 가르쳐줄 유모를 찾고 있었는데, 그의 친구 찰스 딜크Charles Dilke에게 도움을 요청했다. 찰스를 통해 그는 모드를 만났고 모드는 자신의 친구가 그 역할에 적격이라고 생각했다. 마거릿 윌슨은 그 당시 서른다섯 살의 나이로 버드버그Budberg 남작부인의 유모가 되었다.

그 둘은 서로에게 헌신적이었으며 마거릿은 버드버그 남작부인뿐만 아니라 그녀의 자식들까지 키웠다. 남작부인은 그녀를 더키Ducki라고 불렀으며 아이들은 그녀를 미키Micki라고 불렀다. 마거릿이 러시아어에 능통하지 못하여 버드버그 가족은 영어와 아일랜드어를 먼저 배우고 말하게 되었다.

마거릿은 착하고, 생각도 깊고, 예쁘기까지 했으나 그 가족과 같이 보낸 47년 동안 알려진 로맨스가 하나도 없었다. 모두들 그녀가 독신인 줄 알았다! 마거릿은 고정된 수입도 없었으나 필요한 돈은 다 조달했다. 아일랜드에 있는 가족에게 그 돈을 보낸다고 다들 생각했다.

마거릿은 자신의 딸과는 연락하고 지냈다. 여생 동안 아일린을 찾아간 적은 단 한 번밖에 없었으나 딸에게 큰 액수의 신부 지참금과 많은 선물을 자주 보냈다.

10

그러나 그대여, 내게 가까이 있어 주오; 그대가 떠난 후,
삭막한 생각이 나를 뼛속 깊이 추위에 떨게 했다오.
「화해」

결국은 승낙할 것이라고 생각했던 윌리는 모드에게 끈질기게 구애했다. 루시앙과의 관계를 전혀 몰랐던 그는 모드가 아일랜드의 큰 뜻을 이루는 것에 너무 열중한 나머지 성적인 기분은 억제하는 줄 알았으며 모드는 윌리의 우정과 헌신에 의존했기 때문에 그가 그렇게 믿도록 부추겼다.

모드가 생각하는 민족주의는 윌리가 생각하는 것과 달랐다. 모드는 퇴거를 당하는 사람들과 정치 수감자들을 모두 만났고 직접 체험해서 듣게 된 학대에 관한 이야기들을 계속되는 공식 방문 자리에서

활용했다. 또한 물리적인 힘을 사용하는 것에 대해 반감을 가지지 않았다. 그녀의 아버지도 그의 신념을 위해 싸우다 죽었고 아일랜드의 몸부림도 하나의 전쟁으로 보았던 것이다.

반면 윌리는 서민들을 좀처럼 만나지 않았다. 모드는 그를 속물이라고 했다. 그는 아일랜드에 대해서 썼지만 시를 읽을 만한 여유와 돈이 있는 사람들만이 그의 작품들을 읽었다. 문학 사회에서 그는 물론 받아들여졌으나 돈이 별로 없어 모드를 따라 프랑스를 오갈 수 없었다. 이 이유 때문에 모드는 윌리와 아일랜드 사람들로부터 자신의 애인에 대한 비밀을 지킬 수 있었다.

루시앙이 딱 한 번 아일랜드로 따라온 적이 있었는데, 모드는 윌리에게 한 것처럼 그에게도 비슷한 이야기를 했다. 오랜 시간 동안 떨어져서 지낼 수밖에 없는 것은 아일랜드의 큰 뜻이 너무나 중요하고 시간이 많이 소비되는 일이기 때문이라고 했다.

1892년 1월 모드는 자선 모금을 하기 위해 파리를 다시 한 번 방문했다. 한 기사에 윌리는 이렇게 썼다. "그녀는 관중의 시선을 사로잡는다…… 이교도적인 아일랜드의 무혈 개종에서…… 오늘날의 상황과 파넬의 죽음에 이르기까지, 아주 멀리 떨어진 불행이나 먼 옛날의 교전에 대해서 얘기하는 어떤 유명한 발라드인 것처럼 그녀는 모든 사건들을 생생하고 쉽게 묘사한다."

존 오리어리가 창립한 '성 파트리스의 연합L'Assocation du St Patrice'은 1892년 3월 17일 파리에서 연회를 열었는데, 모드는 초대된 유일한 여성이었다. 여기서도 그녀는 아일랜드 사람들의 퇴거와 수감자들의 현황에 대해 얘기했다.

윌리는 모드의 정치적인 커리어를 싫어했다. 정치적인 활동이 그들을 떨어져 지내게 만드는 원인이라고 생각했기 때문이다. 1892년 5월에 윌리와 시인인 T. W. 롤스턴은 더블린에 국립 문학 단체를 설립했다. 이 단체는 전국 곳곳의 여러 아일랜드 젊은이들의 단체들과 제휴하고 있었다. 책을 빌려주는 도서관들이 생겼으며 이 도서관들은 모든 계층의 사람들이 아일랜드의 작품들을 접할 수 있게 해주고, 진정한 아일랜드 문화를 전파하는 데 기여했다. 이 일을 돕기 위해 모드가 파리에 있는 자신의 방들을 내주자 윌리는 몹시 기뻐했다. 또 모드는 프랑스에 아일랜드 트위드(스카치 나사의 일종)를 팔 수 있도록 소규모의 사업체를 차리자고까지 제안했다. 국립 문학 단체는 모든 유형의 민족주의를 결합시키는 것 같았고 이 시기는 모드와 윌리에게 아주 좋은 시간들이었다. 그들의 이름은 온 나라에 함께 알려졌다. 윌리는 다시 청혼했고 모드는 또 한 번 거절했다.

구식의 진부한 시들도 나쁘지 않다고 생각하고 있던 모드와 법정 변호사 J. F. 테일러는 새롭고 더 훌륭한 문학을 열망한 윌리를 전적으로 지지해주지 않았다. 모드와 윌리는 다투었고 이러한 견해 차이를 좁히기 전에 모드는 폐출혈로 다시 아프게 된다. 모드는 민족주의자인 의사 조지 시걸선Goerge Sigerson에게 치료를 받게 되었고 조지는 모든 방문자들을 돌려보냈다. 모드의 추종자 중 한 명이 그녀를 간호하러 나소가에 왔는데 모드가 윌리의 애인이며 낙태 수술을 받으러 왔다는 소문을 냈다고 한다. 이 얘기를 들은 윌리는 몹시 당황했으며 슬라이고로 피신했다. 이를 부정하기에는 모드의 몸이 너무 아팠으며 그녀를 다시 파리로 데리고 가려고 런던에서 그녀의 사촌 메이가 왔다. 윌리는 모드 없이는 일할 수 없었다. 그리고 서로 감정이 좋지 않은 상황에서 모드가 떠난 것이 신경에 거슬렸다. 「화해Reconciliation」에서 그는 이렇게 썼다.

누군가 당신을 책망했을지도 모르오.
그대가 내게서 떠난 그날
번개 맞은 사람처럼 귀먹고, 눈멀어
사람들의 마음을 움직일 노래를 쓸 수가 없었소.
왕들과, 투구들, 칼들과
어렴풋이 남아 있는 당신에 대한 추억밖에는
이제는 벗어나야지요, 세상이 오래전부터 살아왔으니;
우리가 웃고 울며 사는 동안
투구들과, 왕관들과, 칼들을 구덩이에 던져버려야지요.
그러나 그대여, 내게 가까이 있어 주오; 그대가 떠난 후,
삭막한 생각이 나를 뼛속 깊이 추위에 떨게 했다오.

Some may have blamed you that you took away
The verses that could move them on the day
When, the ears being deafened, the sight of the eyes blind
With lightning, you went from me, and I could find
Nothing to make a song about but kings,
Helmets, and swords, and half-forgotten things

That were like memories of you – but now
We' ll out, for the world lives as long ago;
And while we're in our laughing, weeping fit,
Hurl helmets, crowns and swords into the pit.
But, dear, cling close to me; since you were gone,
My barren thoughts have chilled me to the bone.

1984년 윌리는 모드를 따라 파리로 갔으며 그를 '금빛 새벽회' 에 가입시켜준 맥그리거 매더스의 집에 머물렀다. 윌리에게 파리를 구경시켜준 모드는 그때까지도 건강을 완전히 회복하지 못했었다. 그들은 빌리에르 드 리일-아담Villiers de l'Isle-Adam의 연극 「악셀Axel」을 보러 갔고 모드는 통역을 해주었다. 윌리는 행복한 마음으로 런던으로 돌아왔다. 한 달 후 3월 29일에 모드를 위해 쓴 「마음 속 욕망의 땅The Land of Heart's Desire」이라는 연극이 존 토드헌터의 연극 「사이의 희극Comedy of Sighs」의 개막극으로 공연되었고 토드헌터의 연극보다 더 오래 공연되었다.

윌리에게 파리를 구경시켜주었을 때, 모드는 루시앙의 아이를 임신한 상태였다. 루시앙은 아들과 자신의 우상 불랑제의 죽음, 자신의 정치적 지위 상실에 대해 망연자실하고 있었다. 모드는 그에게 프랭탕 백화점의 주인이 운영하는 신문 『라 파트리*La Patrie*』의 편집자 자리에 지원하도록 설득했다. 이 일로 그는 자신감을 되찾았다. 그들은 오베르뉴 지방에서 낭만적인 재회를 하게 되었고 모드는 그들의 아이가 환생할 수 있을 것이라는 자신의 믿음을 얘기했다.

늘 드라마틱했던 모드는 아들 조르주를 위해 지은 추모 교회의 기둥 아래에서 사랑의 결합을 해야 한다고 했다. 신지학에 대한 믿음 때문에 그들의 결합은 종교적인 의식처럼 행해졌을지도 모른다. 이 무시무시한 의식에 그 당시 그녀가 피웠다는 해시시(대마초의 일종)를 썼을 것이다. 이러한 갑작스러운 열정 때문에 그들은 춥고 축축하고 음울한 주위 환경을 잊어버렸을지도 모른다. 모드는 1894년 8월 6일에 태어난 딸 이졸트가 그 신성한 곳에서 임신되었다고 믿었다.

냈시 카도조가 쓴 모드의 전기에는 모드가 그 당시 루시앙과 낭만적인 재회를 했고 그와 같이 살고 있었다고 되어 있다. 윌리에게는 죽은 아들을 대신하기 위해 가진 단 한 번의 관계로 임신하게 되었다고 얘기했다. 나이가 들어 모드는 자신이 루시앙과 사랑에 빠져 있었으나 그의 애인은 아니었다고 자서전에서 말한다. 후에 이졸트도 입양해서 가진 아이라고 말하게 된다.

죽은 아들 조르주와 많은 시간을 보내지 않았다는 죄책감에 빠져 있던 모드지만, 둘째 아이 이졸트를 낳은 지 얼마 되지 않아 일을 위해 다시 아일랜드로 돌아가야 한다고 생각했다. 가만히 있지 못하는 그녀의 영혼이 그녀를 그렇게 몰아갔다. 남자들이 주류를 이루었던 그 시대의 정치 사회에서 자신도 정치가로서의 역할을 하고 있다고 생각했다. 만약 남성 정치인이 자신의 갓 태어난 아이를 하인에게 맡기고 대의를 위해 정치 일을 시작했다면 아무도 그를 비난하지 않았을 것이다. 모드는 이졸트와 루시앙을 떠나는 것에 대한 대가를 생각하지 않았다.

11

사랑하는 님이여, 살며시 눈을 감고
당신의 심장이 나의 심장 위에서 뛰도록,
당신의 머리카락이 나의 가슴 위에 흘러내리도록 두소서,
사랑의 외로운 시간들을 깊은 황혼의 잠으로 빠뜨리면서……
「그는 연인의 마음에 평화를 기원한다」

모드는 이졸트를 임신한 동안 평소처럼 여행을 다니지 않았다. 윌리의 청혼을 거절했지만 윌리는 여전히 그녀를 갈망했다. 거의 서른 살이었을 때, 윌리는 그의 『회고록』에 이렇게 썼다. "친구들은 모두 이런저런 애인들을 가져봤고, 대부분의 친구들은 필요하면 매춘부를 찾았다…… 나는 유년 시절 이후 여자의 입술에 입맞춤한 적이 없다. 해머스미스에서 한 마을 여자가 텅 빈 기차역을 왔다갔다하는

것을 보았다. 그 여자에게 나를 줄까 하는 생각이 들었다. 그러나 옛 생각이 다시 떠올랐다. '아니야, 나는 세상에서 가장 아름다운 여자를 사랑하고 있어.'" 1894년 4월에 '옐로우 북' 이라는 식당에서 저녁식사를 하고 있는데 그는 올리비아 셰익스피어Olivia Shakespear를 보고 그녀를 주목하게 된다. 올리비아는 윌리의 친구 리오넬 존슨Lionel Johnson의 사촌이었는데, 그해 6월에 리오넬은 둘이 만날 수 있는 자리를 마련했다. 올리비아는 윌리의 연극 「마음속 욕망의 땅」을 아주 흥미 있게 보았었고 윌리는 모드에 대한 자신의 사랑을 얘기했다. 올리비아도 헨리 호프 셰익스피어Henry Hope Shakespear라는 사무변호사와 행복하지 못한 결혼생활을 하고 있었는데, 두 사람은 자신들의 불행한 연애생활에 대해 비교하면서 얘기했다. 윌리가 1894년과 1895년 겨울에 슬라이고에 갔을 때도 둘은 편지를 주고받았다.

사랑하는 여자를 얻지 못한다면, 잠시라도 다른 사람에게 헌신하는 것이 자신에게 위안이 될 것이라고 윌리는 생각한다. 그 결정을 향한 첫걸음은 베드퍼드가에 있는 집을 떠나 '라이머스 클럽'의 회원인 아서 시몬스Arthur Symons와 파운틴 코트에 함께 사는 것이었다. 어느 날 저녁 시몬스가 외출하고 없을 때, 윌리는 올리비아를 집으로 초대했다. 윌리는 차와 같이 먹을 케이크를 사러 나갔다가 열쇠를 잃어버렸다. 결국은 사람을 불렀고, 그 사람이 다락방 창문으로 기어올라 집에 들어간 후 윌리가 들어올 수 있도록 했다. 이것으로 윌리의 유혹 작전은 물거품이 되었다. 시몬스가 집으로 돌아오자, 윌리는 그날 밤 모드 곤에 대해 계속 얘기하기 시작했다.

모드는 이 유혹 작전 이야기를 듣자마자 그날 밤 자신의 방에 서 있는 윌리의 환영을 봤다고 윌리에게 전했다. 이것은 헤매고 있던 자신의 추종자를 다시 자신의 곁으로 부르는 것이었다!

1895년 4월 윌리는 더글러스 하이드와 휴가 중에 로스코먼 주 러그 키에서 캐슬 로크 섬을 발견했다. 그는 이 섬의 임대 가격에 대해 문의했고, 가격이 높지 않다는 것을 알고는 모드와 자신을 위한 아일랜드의 엘레우시스(고대 그리스의 아티카Attica 도시)로 만들겠다는 희망을 갖고 섬을 임대했다.

모드도 이 아이디어에 흥분했고 루시앙과 이졸트를 별 어려움 없이 떠났다. 아마 정치 때문에 떠나 있었다고 이유를 댔을 것이다. 하지만 윌리에 의하면 비록 정치적인 이유로 만났지만 정치는 곧 잊어버리고 서로의 친밀감을 즐겼다.

모드와 윌리에 의하면, 러그 키에서 머물렀던 성은 눈에 보이지 않는 영혼들로 차 있었는데 이 영혼들과 의사소통도 할 수 있었고 영혼들은 그들에게 삼라만상의 존재 이유와 성서에 대해 얘기해주었다고 한다. 그들은 이곳을 '영웅들의 성Castle of Heroes' 이라고 불렀으며 이 초자연적인 현상의 근원에 대해 의견을 들으려고 그들의 절친한 친구들을 초대했다.

그들은 아일랜드를 독립시킬 수 있는 힘을 달라고 고대 아일랜드 사람들, 그리고 신들에게 얘기했다. 그들의 친구 맥그리거 매더스와 그의 부인은 이 의식을 도왔고 윌리는 의식에 참여할 더 많은 아일랜드 남자와 여자들을 초대하기를 희망했다.

윌리와 모드는 그들의 환상을 더 증대시키기 위해 해시시를 피웠는데 이 사실은 노트에 잘 기록되어 있다. 그러나 그들의 친밀한 관계에도 불구하고, 성적인 관계에 대한 윌리의 욕구는 늘 그랬듯이 일어나지 않았을 것이다.

윌리는 올리비아와 계속 연락을 하고 있었으며 1896년 3월 워번 빌딩에 아파트를 임대하여 같이 살기로 했다. 올리비아는 침대를 사기 위해 윌리엄과 함께 토튼험 코트가에 갔는데 침대 사이즈 1인치가 늘어날 때마다 가격도 그만큼 추가되는 것을 알게 되었다. 돈이 조금밖에 없는 윌리에게 이것도 중요한 문제였다.

긴장한 윌리는 처음에는 관계를 할 수가 없었고, 두 사람은 그저 차를 마시면서 얘기를 나누었다. 그러나 셋째 날 밤부터 윌리의 긴장감은 사라졌고 1년 동안 그들은 좋은 성적인 관계를 즐기게 된다. 윌리의 작품들을 보면, 올리비아를 '다이애너 버논Diana Vernon'이라고 불렀으며 그녀에게 바치는 아름다운 사랑 시들을 많이 썼다. 이중에 「그는 연인의 마음에 평화를 기원한다He Bids His Beloved Be at Peace」도 있다.

사랑하는 님이여, 살며시 눈을 감고 당신의 심장이
나의 심장 위에서 뛰도록,
당신의 머리카락이 나의 가슴 위에 흘러내리도록 두소서,
사랑의 외로운 시간들을 깊은 황혼의 잠으로 빠트리면서

그들의 흔들리는 갈기와 소란스러운 발길질을 숨기소서.

Beloved, let your eyes half close, and your heart beat
Over my heart, and your hair fall over my breast,
Drowning love's lonely hour in deep twilight of rest,
And hiding their tossing manes and their tumultuous feet.

윌리는 올리비아의 '완벽한 그리스인의 얼굴 생김새, 소박한 즐거움에 대한 사랑'과 남의 말을 잘 들어주는 점들에 감탄했다. 낭만적인 분위기를 내기 위해 올리비아가 방문하기 전에 그는 사랑 시들을 읽었다. 하루는 윌리의 손에 사랑의 시가 아니라 편지가 있는 것을 발견한 올리비아는 그의 인생에 다른 사람이 있느냐고 물었다.

모드는 이 관계에 대해 듣게 되었고 바로 자신이 지금 런던에 있으니 만나서 같이 식사를 하고 싶다고 윌리에게 편지를 보낸다. 이것은 윌리와 올리비아 관계의 끝을 예고했다.

「연인은 사랑의 상실을 슬퍼한다The Lover Mourns for the Loss of Love」에서 그는 말했다.

나에게는 아름다운 친구가 있었네
오랜 실연이 끝나길
그리고 마침내 사랑이 이루어지기를 꿈꾸었네:
그녀는 어느 날 내 마음을 열어
그 안에 자리한 당신의 모습을 보고

눈물을 흘리며 멀리 떠났네.

I had a beautiful friend
And dreamed that the old despair
Would end in love in the end:
She looked in my heart one day
And saw your image was there;
She has gone weeping away.

윌리는 그녀가 자신의 영혼과 너무 가까이 있으며, 자신의 마음속 깊은 곳의 존재에게 유익하며 도움이 된다고 생각했다. 올리비아는 윌리를 떠났으나 얼마 안 가서 그들은 편지를 다시 교환했다.

두 사람은 아주 가까운 친구로 남았으며 올리비아가 1938년에 세상을 떠나기 전까지 서신 왕래를 계속했다.

12

아, 너무 오래 사랑하지 마오,
그러면 유행에 뒤진다오……
「너무 오래 사랑하지 마오」

올리비아와의 만남을 끝낸 후, 윌리는 슬라이고에서 겨울을 보냈다. 슬라이고에서 폴렉스펜의 친척이 아닌 시인으로 받아들여진 것은 처음이었다. 그는 고어-부스Gore-Booth 가족의 집인 리사델에 며칠 동안 초대되었고 거기서 그들의 두 딸 에바Eva와 콘스탄스Constance를 만나게 되었다.

저녁의 빛, 리사델,
남쪽으로 열려진 거대한 창문들,

비단 기모노를 입은 두 소녀들, 모두
아름답구나, 한 소녀가 가젤이던가……

The light of evening, Lissadell,
Great windows, open to the south,
Two girls in silk kimonos, both
Beautiful, one a gazelle…

콘스탄스가 윌리에게 모드를 생각나게 한 반면, 에바는 그의 친구가 되었다.

윌리에게 새로 나타난 사교성은 그가 아서 시몬스와 1896년 여름, 슬라이고에 놀러 갔을 때에도 계속됐다. 이때 이들은 벤 불벤을 포함한 관광도 했으며 골웨이 지방으로 가서 에드워드 마틴Edward Martyn과 함께 투릴라 성에 머물렀다. 8월에 마틴의 가까운 이웃인 이자벨라 오거스타 그레고리Isabella Augusta Gregory 부인이 투릴라 성에 그들을 만나러 왔었는데, 이때부터 윌리와 아는 사이가 되었다.

그레고리 부인은 16명의 대가족에서 열두 번째 아이로, 페르스Persse라는 신교도 대지주 아버지 밑에서 태어났다. 그리고 28세 때 실론의 전직 총독인 윌리엄 그레고리William Gregory 경과 결혼했다. 그는 그레고리 부인보다 거의 마흔 살이 많았으며, 비록 연애결혼은 아니었지만 둘은 아주 좋은 관계를 유지하고 있었다.

아들 로버트가 태어나고 얼마 안 돼, 오거스타는 윌프레드 블런트

Wilfred Blunt를 만나게 되었고 그와 사랑에 빠지게 되었다. 그들은 8개월 동안 연애를 했고 그녀는 그에게 열두 편의 사랑 소네트를 썼다. 그러나 오거스타의 남편과 윌프레드의 부인이 이 상황을 알아차리게 되면서 그들의 연애 사건은 끝나게 된다. 그레고리 부인은 윌프레드에게 다른 여자들이 많이 있었음에도 불구하고 그를 계속 사랑했다. 그가 1922년 세상을 떠났을 때, 그레고리 부인에게 자신의 성경책을 남겨주었는데, 그 성경책은 나중에 그녀가 죽은 후 그녀와 같이 묻혔다.

그레고리 부인이 예이츠를 만났을 때, 그녀는 마흔다섯 살의 과부였으며 아들 로버트는 해로우Harrow에 있었다. 그녀는 남편의 자서전을 편집하느라 바쁜 날들을 보내고 있었으며 아일랜드의 민화를 모으고 있었다. 그레고리 부인은 집 옆에 숲으로 둘러싼 호수의 이름을 따 명명된 쿨 파크라는 곳에서 살고 있었다. 그 집으로 윌리와 시몬스를 점심 때 두 번 초대했고, 시몬스가 런던으로 돌아간 후에도 윌리는 그 집에 며칠 더 머물렀다. 그레고리 부인도 아일랜드 운동에 기여하고 싶어했고, 윌리는 아일랜드의 민화에 대한 관심을 계속 가지라고 격려해주었다. 그녀는 희곡을 쓰기 시작했는데 희극에 천부적인 재능을 가지고 있었고 그 희극들은 호평을 받았다. 쿨은 문학적인 만남의 장소로 유명해졌고 거기에 있는 구릿빛의 큰 너도밤나무에 그 당시 유명했던 많은 손님들, W.B.Y., G.B.S., AE, J.M.S.(Synge) A.J.(Augustus John)의 이름이 새겨진 것이 이 사실을 증명한다. 윌리도 쿨에 자주 갔으며 거기서 큰 평온을 찾곤 했다. 그는 언제나 환영을 받았으나 안주인과 지나치게 친하게 행동하지는 않았다. 그레고리 부인과 윌리는 많은 서신들을 주고받았는데 그녀는 윌리에게 '나의 친애하는 윌리' 라고 쓴 반면 윌리는 늘 격식을 차려서 '친애하는 그레고리 부인' 이라고 불렀다. 윌리는 1896년의 겨울 그레고리 부인의 런던 집을 찾아가 모드 곤에 대한 그의 대단한 사랑을 얘기했다. 과거에 사랑 경험을 했던 그녀인지라, 윌리에게 공감할 수 있었다.

12월에 '영웅들의 성'을 위한 의식을 모드와 구상하기 위해 윌리는 파리에 갔다. 윌리는 코르네유 호텔에 묵었는데, 더블린의 트리니티 칼리지에서 아일랜드어를 비롯한 언어를 공부하고 있다는 존 밀링턴 싱John Millington Synge이라는 학생이 윗집에 살고 있다는 것을 들었다. 윌리와 모드는 존에게 자신들을 소개했다.

1897년 새해 첫날, '아일랜드 청년회' 의 파리 지부인 '아일랜드 연합' 을 창립했다. 데일로 대로에 있는 모드를 만나러 온 싱은 어느 날 모드에게 설득당해 '아일랜드 연합' 에 가입하게 되었는데, 자유를 얻기 위한 수단으로 폭력을 쓰는 것에 반대했던 그는 곧 회원에서 탈퇴했다. 윌리는 싱에게 아일랜드 문학에 힘쓰라면서 격려했고 아무도 해보지 않은 작업인 애런 섬에 가서 섬사람들의 문화를 기록해보라고 권했다. 1월 말이 되자 윌리는 호텔의 비싼 가격을 감당할 수 없게 되었고 런던으로 돌아가야 했다. 이 당시 윌리는 올리비아와 함께 살고 있었다.

모드는 『자유의 아일랜드*L' Irlande Libre*』라는 월간지를 발간해 매달 늘 다뤄오던 주제인 아일랜드의 정치와 소작인들의 궁핍한 생활에 대한 기사를 썼다. 1798년의 아일랜드 봉기 100주년 기념행사 기금을 모으기 위해 미국에 가기로 결정했으나 더블린 위원회의 허가를 받지 못하자 도움을 구하기 위해 윌리를 따라 런던으로 갔다.

윌리의 머릿속에는 모드에 관한 생각뿐이었다. "나는 모드 곤을 많이 보게 되었고 다시 희망을 가지게 되었다. 그녀에게 가서 손이 심하게 탈 때까지 손을 불에 넣어서 나의 마음을 증명할 수만 있다면! 그렇게 한다면 그녀에 대한 나의 헌신이 버려져서는 안 된다는 것을 깨닫게 되지 않을까?" 모드의 설득으로 대영제국과 프랑스의 100주년 기념행사 위원회 위원장으로 자신의 이름을 쓰도록 윌리는 허락했다. 자신이 선출되면 협회를 피니어주의(재미 아일랜드인의 비밀결사)와 분리시켜야겠다고 생각했다.

빅토리아 여왕 즉위 60주년 기념일을 앞두고, 1897년 3월 존 오리어리는 1798년의 아일랜드 봉기 100주년 기념행사를 준비하기 위해 더블린에서 소집한 회의의 위원장을 맡았는데, 이때 아일랜드 사회당 의원인 제임스 커널리James Connolly가 여왕을 위한 아일랜드 축제들을 앞장서서 반대했다. 윌리는 모드가 6월 20일, 여왕의 기념일을 하루 앞두고 칼리지 그린에서 열리는 커널리의 회의에서 연설을 하도록 그녀를 설득했다. 그날 팻 오브라이언Pat O'Brian은 아일랜드의 수감자들을 찍은 슬라이드를 보여줬으며 파넬 광장에 있는 민족주의 클럽의 창문을 통해 퇴거당하는 상황들을 보여줬다. '대영제국' 이라고 써 있는 검은 관을 들고 커널리와 그의 추종자들은 거리를 행진했다. 구속되기 바로 직전 그들은 그 관을 리페이 강에 던졌다. 그 다음날 아침 모드는 커널리의 벌금을 내고 다른 사람들의 보석을 허가받을 수 있도록 하기 위해 브라이드웰에 직접 갔다. 그녀는 팀 해링턴에게 연락해 그들을 변호해달라고 부탁했다.

1798년 아일랜드의 봉기 100주년 기념위원회를 위해, IRB의 일원이었던 모드와 윌리는 영국의 중부지방과 스코틀랜드를 순회하게 된다. 이 여행 중에 윌리는 그레고리 부인에게 이렇게 편지를 보냈다. "오늘 아침 회의가 끝나고 곧 양과 함께 로세티의 그림을 보러 미술관에 갔습니다. 그녀는 매우 호의적이며 친절하나, 그 이상의 감정을 저에게 갖는지 저는 잘 모르겠습니다."

님이시여, 너무 오래 사랑하지 마오.
나는 오래오래 사랑을 했지만,
그만 유행에 뒤지고 말았다오
마치 옛 노래처럼.

우리 젊은 시절에는 언제나
자신의 생각을 상대방의 생각과
구분하는 일 따윈 아예 생각지도 못했었소.
우리는 거의 하나였으니.

그러나 아, 순간에 그녀는 변했지요-

아, 너무 오래 사랑하지 마오,
그러면 시대에 뒤진다오
마치 옛 노래처럼.

Sweetheart, do not love too long:
I loved long and long,
And grew to be out of fashion
Like an old song.

All through the years of our youth
Neither could have known
Their own thought from the other' s
We were so much at one.

But O, in a minute she changed-
O do not love too long,
Or you will grow out of fashion
Like an old song.

모드는 피곤하다면서 휴식이 필요하다고 윌리에게 말하고는 루시앙과 이졸트가 기다리고 있는 프랑스로 다시 돌아갔다. 모드는 사촌인 메이와 함께 엑스 레 벵의 카지노에 갔는데 거기서 커널리의 추종자들을 변호할 수 있는 비용을 땄다.

가만히 있지 못하는 모드의 영혼은 그녀를 계속 몰아붙였으며

1897년의 가을에 쿠나르드의 정기 항공기 '루카니아'를 타고 미국으로 떠났다. 모드는 미국을 순회하면서 아름다운 미모와 인상적인 연설로 울프 톤Wolfe Tone의 1798년 100주년 기념 추모행사에 대한 동정심을 불러일으켜 1,000파운드가 넘는 기금을 받아왔다. 모드는 잠시도 쉬지 않고 아일랜드 전국을 발리나에서 트랄리로, 다시 더블린까지 끝없는 회의에 연설을 하고 다녔다.

13

젊음의 나라에서 난 술을 한 잔 마셨소
그리고 울었소, 이제 모든 것을 알았기에……
「그는 천상의 별자리의 일부였던 자신의 위대한 과거를 생각한다」

『회고록』에서 윌리는 모드와의 영혼 결혼을 묘사한다. 1898년 모드가 더블린을 방문했을 때, 늘 묵었던 나소가에 있는 호텔에 머물렀다. 윌리가 모드를 방문하자 모드는 그에게 이상한 꿈을 꾸지 않았냐고 물었고 윌리는 처음으로 그녀가 자기에게 입맞춤을 하는 꿈을 꾸었다고 했다. 모드도 자신의 꿈에 대해 설명했다. "내가 어젯밤 잠들 때, 내 침대 옆에 큰 영혼이 서 있는 것을 봤어요. 나를 여러 사람들의 영혼으로 데려갔는데, 그중에 당신도 있었고요. 내 손은 당신의 손 안에 있었고 우리 둘은 결혼했다고 나에게 말했지요. 그 다음 일은 기억이 나질 않아요." 그리고 모드는 '신체의 입술로' 그들의 '영혼의 결혼'을 보증하기 위해 윌리에게 입맞춤했다(낸시 카도조가 쓴 모드의 자서전에서 카도조는 그 시대에 영혼의 결합은 이례적인 일이 아니었다고 설명한다. 쇼G. B. Shaw와 메이 모리스도 영혼의 결합을 이루었다).

다음날 아침 모드는 윌리에게 그의 진짜 부인은 절대로 될 수 없으니 어젯밤 그렇게 행동하지 말았어야 했다고 말하고는 드디어 루시앙에 관해 얘기해준다. 그녀는 자신과 루시앙이 아일랜드와 프랑스를 위해 같은 국가적 이상을 공유하고 있다는 것을 강조해서 얘기했다. 모드는 사랑 관계에 대해서는 강조하지 않았지만 그때 죽은 아이가 루시앙과의 사이에서 난 아이였다고 말했다. 윌리는 죽은 자식에 대한 모드의 슬픈 마음을 알고 있었고, 모드는 윌리에게 예전에 그들이 환생해서 같은 부모 밑에 태어나는 것에 대해 얘기했던 것을 상기시켰다. "모드는 아들에게 가기 위해 추도교회의 둥근 천장 밑으로 갔다. 그리고 현재 두 살인 딸이 태어났다. 앞뒤가 잘 안 맞는 말들 중에 아이가 태어난 이후 줄곧 그녀와 밀레보이는 떨어져 살았다고 말한 것은 이해했다." 왜냐하면 그녀는 성관계에 대한 공포감이 있었다고 윌리에게 말했기 때문이다. 비록 이야기의 전모를 이야기해주지 않고 있다는 것을 알았지만, 모드에게 너무나 고통스러운 일이라는 것을 알고 있던 윌리는 그 해명을 받아들이고 믿었다.

그의 시 「그는 천상의 별자리의 일부였던 자신의 위대한 과거를 생각한다He thinks of his Past Greatness When a Part of the

Constellations of Heaven」에서 윌리는 이렇게 썼다.

젊음의 나라에서 난 술을 한 잔 마셨소
그리고 울었소, 이제 모든 것을 알았기에:
나는 개암나무였던 적이 있소, 그들은
내가 정신이 없을 때
북두칠성과 북극성을
나의 무성한 잎들 사이에 매달아놓았소:
나는 조급해졌소, 말들이 달려 나가는 것처럼:
나는 남자가 되었소, 바람을 미워하는 사람으로,
많은 것들 중에 나는 오로지 이 하나만을 알고 있소,
죽을 때까지는 그의 머리가 사랑하는 여인의
가슴과 입술과 머리카락 위에 놓이지 않을 것을.
아, 야생의 짐승이여, 하늘의 새여,
너희들의 사랑의 울부짖음을 나는 꼭 견뎌야만 하는가?'

I have drunk ale from the Country of the Young
And weep because I know all things now:
I have been a hazel-tree, and they hung
The Pilot Star and the Crooked Plough
Among my leaves in times out of mind:
I became a rush that horses tread:
I became a man, a hater of the wind,
Knowing one, out of all things, along that his head
May not lie on the breast nor lips on the hair

Of the woman that he loves, until he dies.
O beast of the wilderness, bird of the air,
Must I endure your amorous cries?

『회고록』에 그는 또 이렇게 썼다. "…… 그 다음부터는 마치 여동생에게 하듯이 접촉을 하도록 조심했다. 그녀가 만약에 나에게로 온다면 그것은 일시적으로 생기는 열정적인 충동 때문이 아니라 그녀의 양심이 허락해서 그러는 것일 것이다."

"그녀의 영향이 없어지면 루시앙에게 어떤 일이 생길지 몰라서" 아직까지 루시앙과 같이 지내는 것이라고 모드는 윌리에게 말했다. 이것은 또한 반은 진실이기도 했다. 불랑제가 죽었을 때 루시앙은 모드를 필요로 했으나 이때쯤 루시앙은 성공한 편집자였다.

모드는 파리로 가기 위해 더블린을 떠났고, 윌리는 그녀를 따라갔다. 그는 그레고리 부인에게 편지를 썼다. "일이 좋게 돼가는지 나쁘게 돼가는지 잘 모르겠습니다. 어떻게 보면 일이 나쁘게 흘러가고 있는 것 같네요. 그녀를 좀더 자주 만날 수 있게 해주었지만, 그녀는 나에게 거의 차갑게 대하고 있습니다. 부인도 이 모든 것을 아신다면…… 이 사랑이 왜 나를 씁쓸하게 만들었는지, 그리고 최근에 내가 알게 된 사실이 어떤 의미에서 저를 더 씁쓸하고 힘들게 만들었는지 이해하실 겁니다."

그러나 그레고리 부인은 그렇게 쉽게 넘어가지 않았다. 모드가 아주 이기적이고 윌리를 갖고 노는 것 같다고 생각했다. 그레고리 부인은 친구에게 쓴 편지에 비꼬는 어조로 모드의 불행을 바라지는 않지만 '그녀가 조용한 죽음을 맞이한다면 하나님은 불공평하시다'라는 옛 아일랜드의 속담을 인용했다.

윌리는 정신적, 육체적인 위로를 받기 위해 다시 한 번 쿨에 갔다. 그레고리 부인은 그를 친아들처럼 여기고 보살펴주었으나 그녀의 친절만 가지고는 충분하지 않았다. 윌리는 자신이 "육체적인 욕망과 실연으로 고문당하고 있었다. 쿨의 숲을 거닐 때, 나는 크게 소리를 지르곤 했는데 그것은 고통을 조금이나마 덜해주는 듯했다"고 말했다.

모드가 나소가에 다시 돌아왔을 때, 그레고리 부인은 모드에게 따지기로 마음먹는다. 윌리에 대한 속셈이 무엇인지 모드에게 터놓고 물었는데, 그레고리 부인이 관여할 일이 아니라고 생각한 모드는 윌리나 자기나 다른 일들로 머리가 가득해 둘 다 '결혼하는 부류'의 사람이 아니라고 답했다.

그레고리 부인의 모든 도움에 윌리는 고마워했다. 하지만 모드를 사랑하는 마음을 멈출 수가 없었다. 그의 시 「친구들Friends」에서 윌리는 모드와 그레고리 부인, 그리고 올리비아 셰익스피어와의 관계에 대해서 말했다.

이제 나는 여기 세 친구들을 찬양해야 하리라.
내 생애에 큰 기쁨을
수놓아준 세 연인을:

한 여인은 어떠한 사심도,
모든 끊임없는 근심도,
아니, 그 어떤 것들도
많은 어려움이 있었던 지난 15년 동안
마음과 기뻐하는 마음 사이에
한 번도 들어올 수 없게 해주었지.
다른 여인은 그녀의 손이
어느 누구도 이해할 수 없고,
어느 누구도 가지거나 성취할 수 없는,
젊은 시절의 꿈결 같은 짐을 덜어낼 수 있는
그런 힘을 가졌기에, 그녀는
힘든 일 황홀하게 여기고 살 수 있도록
나를 변화시켰지.
그리고 내 청춘이 사라질 때까지
동정의 눈길 한 번 주지 않고
모든 것을 앗아가버린 그녀는 또 어찌하리?
어떻게 그녀를 찬양할 수 있을까?
동이 트기 시작할 때
나는 그녀를 위해 잠 깨어 있었지.
그녀가 예전에 가졌던 것들과,
그녀의 독수리 같은 모습이 여전히 보여주는 것을 기억하며
나는 내 잘못을 따진다.
그러자면 내 심장의 뿌리로부터
황홀한 달콤함이 흘러 넘쳐
머리끝에서 발끝까지 전율할 수밖에.

Now must I these three praise—
Three women that have wrought
What joy is in my days:
One because no thought,
Nor those unpassing cares,
No, not in these fifteen
Many-times-in troubled years,
Could ever come between
Mind and delighted mind;
And one because her hand
Had strength that could unbind
What none can understand,
What none can have and thrive,
Youth's dreamy load, till she
So changed me that I live
Labouring in ecstasy.
And what of her that took
And till my youth was gone
With scarce a pitying look?
How could I praise that one?
When day begins to break
I count my good and bad,
Being wakeful for her sake,
Remembering what she had,
What eagle look still shows,
While up from my heart's root

So great a sweetness flows
I shake from head to foot.

14

나의 님이 틀림없이 자기 영혼을 파멸시킬 것이라고 생각했다.
그토록 그녀는 열광과 증오에서 사로잡혀 있었으니까……
「서커스단 동물들의 탈주」

그 당시 모드가 결혼에 대한 생각보다는 다른 일들로 머리가 가득하다고 말한 것은 진심이었다. 그녀는 1899년 아서 그리피스 Arthur Griffith에 의해 부활된 『더 유나이티드 아이리시맨*The United Irishman*』이라는 정기 간행물에 관심이 있었다. 3월 4일의 첫 간행물에 아일랜드에서는 영국의 법이 설 자리가 없다고 선언했다. 『더 유나이티드 아이리시맨』의 목표는 아일랜드 사람들의 통치를 위한 아일랜드 정부를 가지는 것이었다. 모드에게 매력이 있는 민족주의는 바로 이런 것이었다. 그리피스에게 매주 25실링을 주기로 약속했다. 이 돈은 그리피스가 편집자로서 받는 유일한 월급이었으며 자기 몫으로 모으기 위해 그의 어머니에게 매주 이 돈을 주었다. 답례로 그리피스는 모드의 여러 가지 정치적 활동과 연설에 대한 기사를 실었다.

『더 유나이티드 아이리시맨』은 국회에서 남부 메이요South Mayo를 대표할 한 후보에 대해 실었다. 그 사람은 바로 '혈색이 좋은 얼굴을 가진 빨간 머리의 남자' 존 맥브라이드였다.

"보어 전쟁에 참전하느라 남아프리카의 전쟁터에 아직까지 남아 있는" 맥브라이드는 1869년 메이요 주의 웨스트포트에서 태어났다. 그와 형제인 앤서니는 런던의 의사였으며 몇몇 민족주의 단체에서 활발히 활동을 하고 있었다. 때맞춰 존은 더블린에서 약제사의 조수가 되었고 '켈트 문학회Celtic Literary Society'에 입회한다. 1896년경에 시금자(試金者)로 남아프리카를 갔었는데 그는 영국에 저항하기 위해 만들어진 아일랜드 부대를 설립하는 데 앞장선 공로가 인정되었다. 그 당시 남아프리카에서 있었던 아서 그리피스도 아일랜드 부대의 일원이었다. 존 맥브라이드는 자신의 용기에 대해 자랑하지 않았지만 아서 그리피스와 동료 장관들은 전투에서 그의 용기에 대해 높이 격찬했다. 말할 것도 없이 그리피스는 존에 대해 시 몇 행을 썼고, 거기에서 존을 '겁 없는 존 맥브라이드'라고 묘사했다. 모드는 이 글을 읽고 존 맥브라이드에게 응원의 전보를 두 번 보냈다. 윌리도 매우 열광하게 되어 선거에서 존의 라이벌인 팀 해링턴이 기권할 것을 제안했다.

한편 윌리는 「캐슬린 백작부인」을 다시 고쳐 썼는데, 이 희곡은 1899년 5월 8일 더블린의 고대 콘서트홀에서 연극으로 제작되었다. 주인공 역을 맡아달라고 모드를 설득해봤지만 너무 바쁘다는 이유로 모드는 거절했다. 이 연극은 문화적인 행사로서 많은 갈채를 받았으나 백성들을 기근으로부터 구하기 위해 자신의 영혼을 악마에게 판 어느 백작부인에 관한 이야기였기에 가톨릭교로부터 비난을 받았다.

「서커스단 동물들의 탈주The Circus Animals' Desertion」에서 예이츠는 이렇게 썼다.

그리고 반대의 사실 때문에 그 연극이 완성되었다.
극에 붙인 이름은 '캐슬린 백작부인'.
그 부인은 연민에 넘쳐 자기 영혼을 팔아버렸지만,
굽어 살피는 신이 개입하여 구출하게 된다……

And then a counter-truth filled out its play,
The Countess Cathleen was the name I gave it;
She, pity-crazed, had given her soul away,
But masterful heaven had intervened to save it…

애비 극장Abbey Theatre을 널리 알리기 위해 공연을 했었는데, 이 공연은 윌리와 모드 관계의 전환점이 되었다. 이때부터 윌리는 문화적인 민족주의에 헌신하게 되고, 모드는 정치적인 길을 걷게 된다.

1900년 봄, 빅토리아 여왕이 더블린을 방문했다. 환영사와 피닉스 공원에서 아이들이 여왕을 위해 준비한 특별한 '선물'을 보여줄 일정이 잡혀 있었다. 이 계획은 모드를 짜증나게 하여 앤더슨 신부와 함께 '애국 어린이 행동대'의 여성 위원회의 도움으로 여왕을 위한 행사를 반대하는 이벤트를 준비했다. 모드는 신문에 이 행사를 광고했으며 많은 사람들과 집단으로부터 지지를 받았다. 진저비어, 케이크, 달콤한 과자와 샌드위치들을 공짜로 기부받았으며 약 30,000명의 어린이들이 이 행사에 참여했다. 게일 체육협회와 켈트 문학회의 젊은 청년들의 지시 아래, 그들은 트럭으로 크론타프 공원으로 향했다. 친구인 메리 퀸은 초록색 나뭇가지를 들고 가는 아이들을 안내하는 모드를 도왔다.

윌리의 두려움들은 자서전에서 이 사건을 묘사하는 부분에 나타났다. "드럼콘드라Drumcondra 너머 있는 들판에, 그들의 교회의 신부 앞에 그들은 아일랜드가 독립을 얻을 때까지 영국에 대한 끝없는 적의를 품고 있겠다고 맹세한다. 이 많은 아이들 중에 몇 명이 서른의 나이가 되어서 폭탄과 총을 들고 싸울까?" 「서커스단 동물들의 탈주」에서 그는 이렇게 말했다.

> 나는 나의 님이 틀림없이 자기 영혼을 파멸시킬 것이라고 생각했다
> 그토록 그녀는 열광과 증오에 사로잡혀 있었으니까,
> 거기에서 하나의 꿈이 생겨, 곧
> 이 꿈 자체가 차지하고 말았다, 나의 생각과 사랑을……

I thought my dear must her own soul destroy
So did fanaticism and hate enslave it,
And this brought forth a dream and soon enough
This dream itself had all my thought and love…

모드는 이 모험을 기뻐했으며 아일랜드의 역사, 음악, 춤, 그리고 언어를 아일랜드 아이들에게 가르치기 위한 목적으로 '아일랜드의 딸들이라는 부처'를 설립했다. 메리 퀸이 이 협회의 사무총장이 되었다. 아서 그리피스, 포릭 콤, AE, 그리고 윌리를 설득하여 이들에게 연설을 하도록 했으며 포릭 피어스Páraig Pearse는 아이들에게 아일랜드어로 시험을 내기도 했다. 윌리는 비록 폭력을 부추기는 그 어떠한 것도 비난했으나, 교육적인 일의 가치는 인정했다.

그해 7월, 모드는 트란스발 위원회의 대표단과 함께 더블린을 떠나 프랑스로 갔다. 루시앙은 『라 파트리』의 논설에서 그들을 환영했다. 프랑스 혁명 기념일(7월 14일) 행사들이 진행되고 있었고 오페라의 간사가 트린스발 위원회의 대표단을 「발키리The Valkyrie」의 공연에 초대했다. 그들은 이 공연을 보지 못하고 떠나게 되었으나, 모드와 루시앙과 생트 크루아Ste Croix 부인은 이 초대를 받아들였다. 공연 도중 루시앙은 여주인공보다 더 좋은 목소리를 가지고 있는 젊은 여성을 안다고 말했다. 생트 크루아 부인은 모드가 너무 오랫동안 파리를 떠나 있었다고 한마디했다.

며칠 후 모드는 여동생과 함께 스위스로 휴가를 떠났다. 동행해도 되겠냐는 루시앙의 요청을 모드는 승낙했다. 그녀는 『라 파트리』의 한 기사에서 영국에 관한 언급 없이, 독일은 프랑스의 적이라고 써 있는 것을 읽었다. 어리둥절한 모드는 루시앙에게 누가 그 기사를 썼냐고 물었고 그는 모드가 아일랜드에 대해 큰 사랑이 있는 것처럼, 알자스-로렌에 대한 큰 사랑을 가지고 있는 한 여성이 썼다고 답했다.

「여왕의 신하A Servant of the Queen」에서 모드는 다음과 같이 썼다. "한참 동안 나는 아무 말을 하지 않았다. 사방의 꽃향기, 야생 벌들의 윙윙거림, 그리고 생명의 속삭임에도 불구하고 나의 마음을 돌로 변하게 하는 저 눈으로 덮인 냉혹한 산을 바라보았다…… '기사를 쓴 사람의 이름을 나에게 말할 필요가 없습니다. 파리에서 나에게 보여주고 싶었던 그 가수, 클라망소의 친구입니다. 드디어 그는 그녀를 통해 승리했고 우리의 동맹을 깼습니다. 오래된 친구여, 안녕. 나는 싸움을 계속하고 나의 갈 길을 혼자 갑니다.'"

루시앙은 동맹의 두 측면, 육체적, 정치적인 면에서 고결하지 못했다. 13년 동안 모드 인생의 연인이었던 루시앙, 자신의 두 아이의 아버지인 루시앙, 그는 늘 그에게 충실했던 모드를 버리고 다른 여자에게로 떠났다. 생트 크루아 부인이 그때 했던 말이 사실이었던 것이다. 모드는 너무 오랫동안 그리고 너무 자주 파리를 떠나 있었다. 그녀는 이런 결말을 전혀 예상하지 못했던 터라, 어찌할 바를 모르고 완전히 길을 잃게 되었다. 만약 루시앙과 좋은 성관계를 가지고 있지 않았더라면, 이렇게까지 심란하지 않았을 것이다. 만약 윌리에게 말했던 것처럼 성관계에 대한 혐오증이 있었다면, 정치적인 도움을 받을 때 그를 이용할 수도 있었으므로 루시앙이 다른 여자와 성관계를 가지는 것에 대해 그렇게 신경 쓰지 않았을 것이다. 일을 더 복잡하게 만든 것은 프랑스 장교 한 명이 런던에서 첩보활동을 하던 중 모드가 IRB에게 보낸 소개서 편지와 함께 밀고되었는데, 루시앙은 이 일을 모드의 탓으로 돌렸다. 그 프랑스 장교는 체포되어 파리로 다시 돌려보내졌다. 모드는 윌리에게 IRB 내부의 약점 때문에 생긴 이 문제를 해결해달라고 부탁했고 둘은 이 조직에서 탈퇴했다. 그랬음에도 불구하고, 루시앙은 그와 그의 당은 다시는 아일랜드를 믿을 수 없다고 했고, 모드 또한 프랑스를 위한 그녀의 일은 모두 끝났다고 말했다. 이것이 최후의 일격이었다. 그들을 이어주는 유일한 고리는 그들의 딸 이졸트였다.

이졸트는 라발에 있는 카르멜회 수녀들의 보살핌을 받고 있었다. 모드의 옛 친구인 사제는 대성당 참사회원으로 지위가 높아져 있었다. 메리 앤 메러디스 유모는 은퇴를 했으며 모드의 미모를 닮아 예쁘게 자란 모드의 이복 여동생 아일린은 불어를 배우기 위해 파리로 보내졌다. 나이가 많은 과부인 드 부르본느De Bourbonne 부인이 이 두 소녀를 맡게 되었다. 열 살의 나이 차이가 있었지만 이졸트와 아일린은 서로 친근감을 느꼈음에 틀림없다. 둘 다 유모와 보모들의 손에서 자랐다. 모드는 돈도 있고 이졸트를 부양할 수 있는 경제적인 여유가 있었던 반면, 아일린의 어머니 마거릿 윌슨은 딸을 포기하고 여자 가정교사로서 버드버그의 남작의 가족이 있는 러시아로

갈 수밖에 없었다. 마거릿은 편지를 통해 딸과 계속 연락했고 모라 버드버그 남작부인의 아버지가 파리를 방문할 때 아일린을 찾아가 그녀의 어머니로부터의 서신을 전달해주었다.

15

나의 연극이 영국군들이 총으로 쏜
특정한 남자들을 나가게 했는가?
나의 말들이 그 여자의 비상한 머리에
너무 많은 부담을 주었나?
「남자와 메아리」

루시앙과 헤어지고 몇 달 후, 모드는 보어 전쟁에서 돌아오는 존 맥브라이드를 만나기 위해 파리 리옹역의 승강장에 서 있었다. 아서 그리피스가 모드와 '아일랜드 청년회'의 파리 지부 회원들에게 맥브라이드를 소개시켜주었다.

다른 사람들이 떠나고 난 후, 모드, 존, 그리고 그리피스는 같이 저녁식사를 했고 밤새 이야기를 나누었다. 존은 게릴라 전투에도 가담한 적이 있었는데, 그는 이것이 아일랜드에게 도움이 될 것이라고 생각했다. 영국이 그를 체포할 수도 있었기 때문에 그는 아일랜드로 다시 돌아갈 수 없었다. 모드, 존, 그리고 그리피스는 어떻게 하면 존이 아일랜드의 큰 뜻을 위해 가장 잘 공헌할 수 있을까 논의를 하다가 방문차 그를 미국으로 보내기로 한다. 웅변가가 아닌 군인이었던 그를 위해 모드와 그리피스는 그 다음날 그를 다시 찾아가 그의 연설문 작성을 도와준다.

존은 미국으로 떠났다. 하지만 그가 우려했던 바와 같이 그는 사람들 앞에서 이야기하는 것에 경험이 너무 부족했다. 마침 '클란 나 게일(Clan na Gael, 켈트 사람)' 이 공동 순회공연을 주최하려고 하고 있어 존은 모드에게 미국으로 건너와 합류하여 공동 순회공연을 하지 않겠냐고 편지로 제안했다. 모드는 쾌히 승낙했다. 1901년 1월 22일 빅토리아 여왕이 별세했는데, 모드가 2월 10일 뉴욕에서 존과 합류하기 위해 탄 프랑스 항공기 라 샹파뉴La Champagne에서 내리면서 아일랜드 사람들은 죽은 여왕을 애도할 이유가 없다고 기자들에게 얘기했다. 그녀의 과거의 목소리인 루시앙이 그 같은 의견을 『라 파트리』의 한 기사에 실었다.

미국을 순회하면서 존은 보어 전쟁에 대해 언급했고, 반면 모드는 아일랜드 동맹연합을 비난했는데 아일랜드 동맹연합은 아일랜드 사람들이 대영제국 안에 자치정부를 세우기 위해 뭉쳐야 한다고 주장했던 것이다. 모드는 더 호전적인 조처를 선호했기 때문에 그녀의 비난은 잘 받아들여지지 않았다.

모드의 도움으로 존의 연설들은 좋아졌으며 더 이상 노트에 의존하지 않았다. 존은 어머니에게 편지를 보냈다. "모드 양이 이렇게 방랑하는 삶을 견디는 것을 보면 저는 깜짝 놀랍니다. 여자치곤 아주 훌륭합니다." 그다지 낭만적인 말들이 아니었으나 「여왕의 신하」에서 모드는 미국에서 존이 청혼했다고 썼다. 물론 존은 그녀에 대해 아주 좋게 생각하고 있었다. 하지만 모드는 어쩌면 루시앙이 다른 여자 때문에 자신을 버린 사실을 보상하기 위해 자신을 좋아하는 구혼자가 필요해서 존의 청혼을 과장해서 얘기했는지도 모른다.

아서 그리피스가 공동 편집자인 루니가 몸이 좋지 않아 모드에게 다시 돌아와달라고 부탁했을 때, 그녀는 즉시 돌아갔다. 런던으로 다시 돌아온 모드는 많은 여행으로 지쳐 있었다. 모드와 윌리는 모드의 여동생 캐슬린 필처와 같이 식사를 하게 된다. 윌리는 캐슬린의 드레스와 여전한 미모를 칭찬했다. 그녀는 미모를 유지하는 데 많은 노력이 필요하다는 얘기를 했고, 윌리는 이 주제를 「아담의 저주Adam's Curse」라는 시에 썼다.

…… 여자로 태어났으니 알아야 하지요……
아름다워지기 위해선 애를 써야 하지요……
확실히 아담의 타락 이래, 애쓰지 않고서
아름다워지는 것은 하나도 없지요……

… To be born woman is to know…

That we must labour to be beautiful…
It's certain there is no fine thing
Since Adam's fall but needs much labouring…

이 시를 계속 읽다 보면 윌리가 거절당하는 것에 지쳐 있었다는 것도 알 수 있다.

사랑이 화제에 오르자 우리 셋은 조용해졌지요.
우리는 낮의 햇빛이 마지막까지 타들어가고
달이 하늘의 청록색 떨림 속에서 떠오르는 것을 보았어요.
시간의 물결이 별들을 에워싸고 찼다 줄었다 하면서
부서져 하루하루가 되고 한 해 한 해가 될 때
그 물결에 씻겨 드러난 조개껍질 같은 초승달을.

나는 당신만이 들어주었으면 하는 생각을 품었지요.
그것은 당신이 아름답다, 그리고 나는 오랜 사랑의 정도에 따라
사랑을 하고자 노력했다고, 그리고
모든 것이 행복하게 느껴지지만, 우리는
저 텅 빈 달처럼 마음이 지쳐 있었다는 생각을.

We sat grown quiet at the name of love;
We saw the last embers of daylight die,
And in the trembling blue-green of the sky
A moon, worn as if it had been a shell

Washed by time's waters as they rose and fell
About the stars and broke in days and years.

I had a thought for no one's but your ears:
That you were beautiful, and that I strove
To love you in the old high way of love;
That it had all seemed happy, and yet we'd grown
As weary-hearted as that hollow moon.

캐슬린을 방문한 다음날 윌리와 모드는 웨스트민스터 사원에 갔다. 윌리는 모드에게 왜 캐슬린처럼 자신을 잘 돌보지 않냐고 물었다. 하지만 그가 알고 있는 그 어떤 사람보다도 그녀가 예쁘다고도 말했다. 윌리는 다시 한 번 모드에게 결혼해달라고 청혼했다. 정치를 포기하고 자신과 작가 및 예술인 친구들 사이에서 평온하게 살자고 권유했다.

언제쯤 청혼하는 것에 지치겠냐고 모드는 윌리에게 물었고 자신과 결혼하면 윌리는 행복하지 않을 것이라고 했다. 모드는 또, 시인들은 결혼해서는 안 되며, 윌리의 아름다운 시들도 그의 불행에 의해서 씌어지는 것이라고 말했다. 결혼은 권태로우며 모드 자신이 가장 필요할 때 늘 있어주어서 그와의 우정을 중요시한다고 했다. 자신의 하는 일이 자기 인생의 중심이고, 남들은 그저 존재하지만 자신은 인생을 살고 있다고 얘기했다.

왜 모드가 윌리와 결혼하겠는가? 모드는 한 번도 그에게 이성적으로 끌린 적이 없었다. 공인의 삶도 즐기고 있었기에 절대 정치를 포기하고 싶지 않았다. 또 원하는 만큼 언제든지 작가들과 예술인들을 만날 수 있었고, 그들도 모드에 대한 고마움의 표시로 그녀에 대한 시를 쓰고 초상화를 그렸다. 그러나 윌리를 포함한 대부분의 작가와 예술인들은 한 푼도 가진 것이 없었다.

두 사람은 '운명의 돌Stone of Destiny' 가까이에 서 있었는데, 모드는 윌리에게 그 돌을 로우 키에 있는 '영웅들의 성'에 가져다 놓을 수 있는지 물었다. 이 부탁은 윌리의 마음을 딴 곳으로 돌리게 했고 그들이 공유하고 있는 관심사를 새삼 부각시켰다. 그리하여 또 한 번의 거절에 대한 윌리의 충격이 누그러지게 된다.

윌리의 가족은 1901년 다시 이사를 했다. 1900년 윌리가 집을 방문하던 어느 날 그의 어머니가 세상을 떠났고 친구들이 J. B.와 너나다니엘 혼Nathaniel Hone의 그림 전시회를 준비하고 있었다. 윌리를 제외한 J. B.와 가족들은 더블린으로 이사를 갔고 릴리는 공예품 만드는 일을 계속해 던 에머사(社)를 설립하는 데 도움을 주었다. 던 에머사에서 개발하여 릴리는 윌리의 많은 작품들을 출판할 쿠얼라 출판사를 설립하는 데도 도움을 주었다. 사라 퍼서Sarah Purser는 잭의 화가로서의 커리어를 도왔다.

윌리는 워번 빌딩에 아파트를 두고 있었으나 아일랜드에서 계속 일을 했다. 모드를 후원자로 내세우고 그레고리 부인, 조지 무어, 에드워드 마틴, 그리고 J. M. 싱과 아일랜드 문학극장을 세웠다.

모드는 라스거에 있는 쿨슨가 25번지로 이사를 했으며 그 집은 윌리가 불신했던 민족주의자들의 모임 장소가 되었다. AE는 모드의 이웃이었는데 그는 농부들을 돕기 위해 그들을 협동조합에 소개시켜주는 일을 하는 아일랜드 농업조합에 깊이 연루되어 있었다. AE와 모드는 연극에 대한 관심 때문에 시 쓰는 것을 방치하고 있던 윌리에 대해 걱정하고 있었다.

아일랜드 문학극장은 1901년 10월 21일 더블린의 게이티에서 두 연극이 연속해서 공연할 수 있도록 벤슨 사(社)를 고용했다. 공연된 연극들은 윌리와 조지 무어가 함께 쓴 「쥐얼뮈드와 그론니아 Diarmuid and Grania」와 윌리가 처음 썼으나 더글러스 하이드가 희곡으로 각색한 「카수온투건」(아일랜드 전설 노래, The Twisting of the Rope)이었다. 그레고리 부인은 이 두 희곡의 집필을 도왔으며, 잭 예이츠의 미술 전시회에 환영회를 열어주던 하루 저녁만 빼고 모든 공연에 참석했다. 또한 잭 예이츠의 전시회에 대한 평론을 썼으며, 그 글은 미국 신문들에 실렸다. 이 평론은 자신의 아일랜드 뿌리를 추적하려고 노력하고 있던 존 퀸John Quinn이라는 미국의 한 부유한 변호사의 관심을 끌게 되었다. 퀸은 이들에게 연락을 취했으며 그들과의 관계는 시간이 흐르면서 깊어졌다.

1901년 10월 게이티 극장에서 최초로 아일랜드어로 연극이 공연되었다. 더글러스 하이드는 게일인 연맹을 창립했었는데, 연극의 휴식 시간에 이 연맹의 여자아이들이 아일랜드 노래들을 불렀다. 모드와 윌리는 마차를 타고 개막식에 도착했다. 대중들은 너무 열광하여 두 사람을 손으로 끌어당겨 직접 저녁파티에 데리고 가기 위해 말을 마차에서 떼려고 했다. 모드는 그들이 그렇게 하지 못하도록 막았다. 하지만 이 행복한 사건은 연극에 대한 미진한 마음을 조금이나마 달랠 수 있었다.

윌리는 또다시 그레고리 부인의 도움으로 1798년 아일랜드의 반란을 돕기 위해 킬랄라 만으로 간 프랑스 원정대에 관한 「캐슬린 니 훌러한Cathleen ni Houlihan」이라는 희곡을 썼다. 이 극에서 한 젊은 청년이 결혼을 앞두고 있는데, 어느 한 노파가 청년을 찾아와 그에게는 결혼보다 더 중요한 운명이 주어졌다고 말해준다. 그 청년은 아일랜드를 위해 죽을 운명이었으며 그를 찾아온 노파는 당연히 아일랜드인이었다. 모드는 이 역을 맡기로 했다.

얼마 안 가 옛날 유모인 메리 앤 메러디스가 세상을 떠났다는 소식을 듣게 된다. 온 가족에게 보여준 헌신에 감사하는 마음으로, 모드는 통검에 있는 가족묘소 가까이에 그녀를 묻었다. 메러디스의 묘비에 '곤 대령의 아이들의 사랑스러운 유모, 19-10-1831 ─ 17-2-1902' 라고 새겨졌다. 모드, 캐슬린, 그리고 아일린을 키워준 것에 대한 고마움을 표시하는 데 아주 적절한 방법이었다.

같은 달 2월에 모드는 연극 연습을 하던 중, 존 맥브라이드와 연설을 하러 파리로 떠났다. 그러나 윌리에게 연극에 참여할 수 있어서 너무 기쁘고 페이 형제들도 이 연극에 관여하게 되어서 즐겁다고 편지를 보냈다. 모드는 3월에 다시 더블린에 왔으나 자기에게 어울리는 역을 맡겠다고 억지를 썼고, 지시를 받으려고 하지 않았다. 출연 배우들과 스태프들은 그레고리 부인의 50번째 생일을 3월 15일에 기념했다.

「캐슬린 니 훌러한」은 AE의 「디어드라Deirdra」와 연속 공연으로 제작되었으며 1902년 4월 2일 세인트 테레사의 절대 금주홀St Theresa's Total Abstinence Hall에서 열렸다. 모드는 늦게 도착했으며 사람들로 꽉 찬 관중석 사이로 걸어 들어가 훌륭한 공연을 펼쳤다. 민족주의 감정을 자극시키는 자신의 극중 역에 공감할 수 있었던 것이다. 그 역을 그 누구도 모드처럼 잘 연기하지 못했을 것이라고 윌리엄 페이William Fay가 말했다. 윌리는 이런 결과가 나오리라고는 예상하지 못했었다. 이 연극은 윌리를 애국적인 영웅으로 만들었다. 이러한 성공은 오히려 그를 불안하게 만들었으며 몇 년이 지나고 「남자와 메아리Man and the Echo」라는 시에 그는 이렇게 썼다.

밤마다 나는 잠이 깬 채 누워
바른 답을 얻을 수 없었다.
나의 연극이 영국군들이 총으로 쏜
특정한 남자들을 나가게 했는가?
나의 말들이 그 여자의 비상한 머리에
너무 많은 부담을 주었나? ……

I lie awake night after night
And never get the answer right.
Did that play of mine send out

Certain men the English shot?
Did words of mine put too great strain
On that woman's reeling brain? …

16

자신을 이렇게 만든 자는, 사랑의 대가를 잘 알리라
자신의 마음을 다 바치고도 모두 잃었기에.
「결코 마음을 다 바치지 말아라」

루시앙이 다른 여자에게 가기 위해 모드를 떠난 것은 1900년 말이었다. 그 후 3년 동안 모드는 정치일로 매우 바빴으며 존 맥브라이드와 자주 연락하게 되었다. 미국에서 돌아온 맥브라이드는 2파운드의 주급을 받으며 파리의 뤼팡 사무국Luffan's Bureau에서 비서관으로 일하고 있었다. 그는 모드와 함께 모임과 회의에서 연설을 했다. 루시앙처럼 맥브라이드도 모드의 아버지를 닮았다. 그는 행동으로 보여주는 남자였으며 용맹함 때문에 잘 알려진 군인이었다. 모드는 서른여섯 살이었고 존은 더 어렸지만 그에게 이성적으로 끌렸기 때문에 모드에게 존은 적합한 결혼 상대자였다. 어쩌면 루시앙에게 자신도 다른 사랑을 할 수 있다는 것을 보여주려고 한 것인지도 모른다. 존과 차 한 잔 하려고 기 드 루삭가에 있는 그의 다락방을 방문한 적이 있었는데, 이것이 소문거리가 되고 말았다. 그러나 윌리는 모드가 존과 자주 만나는 것을 그리 신경 쓰지 않았다. 육체적인 사랑에 대한 두려움이 있다고 모드가 전에 얘기하지 않았는가?

1903년 2월 14일 『더 유나이티드 아이리시맨』에 한 기사가 실렸다. "아일랜드의 민족주의자들에게 큰 기쁨과 즐거움을 불러일으키고 있는 행사 예고 : 얼마 전에 가톨릭 신자가 된 곤 양은 화요일 라발에 있는 성 테레즈의 채플에서 공식적으로 가톨릭교회의 신자가 된다. 곤 양의 결혼식 또한 이번 달 말에 있다." 모드는 프리메이슨단과 관련되어 있다고 생각해서 '금빛 새벽회'에서 탈퇴했다. 자서전에 그녀는 결혼 때문이 아니라 사제 평의원을 통해서 가톨릭교로 개종했다고 썼다.

같은 자서전에 모드는 자신의 결혼에 대해 반대하는 목소리들이 늘어나고 있는 것에 대해 얘기한다. 아서 그리피스는 "여왕님, 저를 용서해주십시오. 존 맥브라이드는 윌리 루니 다음으로 제 가장 친한 친구입니다. 당신은 나의 유일한 여성 친구이고요. 저는 당신들의 행복만을 생각합니다. 하지만 당신들을 위하여 그리고 아일랜드를 위하여 결혼하지 마세요. 당신들은 아일랜드의 소유입니다. 저는 두 분을 잘 압니다. 인습에 얽매이지 않는 당신이 당신의 법입니다. 존은 관습에 구속되어 있습니다. 당신들의 행복은 오래가지 않을 것입니다. 저를 용서하십시오. 그러나 아직 시간이 있을 때 다시 한 번 생각해보십시오"라고 했다.

존의 형인 조셉 맥브라이드는 이렇게 썼다. "이 결혼은 현명하지 못한 것 같구나. 모드 곤은 너보다 나이가 더 많아. 게다가 그녀는 돈에 익숙해져 있지만 너는 돈이 없지 않느냐. 그녀는 자기 생각대로 하는 것에 익숙해 있고 그 누구의 말도 듣지 않아. 이런 점은 아내로서의 좋은 자질이 아니야. 자신의 아내를 관리할 수 없는 한, 남자는 결혼해서는 안 된다……"

결혼식 전날 저녁 잠시 쉬고 있을 때, 모드는 돌아가신 아버지가 "우리 귀여운 새끼, 하지 말아라. 결혼해서는 안 된다"라고 말하는 것을 들었다고 생각했다. 모드의 딸 이졸트도 이 소식을 듣고 왈칵 울음을 터뜨렸다.

이러한 불길한 예감에도 불구하고 모드는 '소박한 짙은 청색 드레스'를 입고 1903년 2월 21일 파리의 생 오노레 데일로 교회Church of St Honore d'Eylau에서 존 맥브라이드의 신부가 되었다. 벨기에에서 온 아일랜드 군단의 전 담당 신부인 반 에이크 신부가 식을 거행했고 신부와 신랑의 민족주의의 포부에 대해 얘기했다. 마지막 축배를 든 것은 모드였다. "아일랜드의 완전한 독립을 위하여!"

모드는 그레고리 부인에게 편지를 썼다. "영국의 대사관과 교구 교회에서 결혼식을 올렸기 때문에 제 결혼이 합법적이었다고 생각합니다. 영국이 맥브라이드 소령을 체포하러 대사관으로 올 가능성이 있다고 들었습니다. 의심스럽기는 하지만 설령 그 영국 대사관이 영국의 영토라고 해도, 그를 거기서 오랫동안 감금하고 있을 수는 없었을 것이라고 생각해요. 밖으로 나오면 어차피 그는 자유였을 테니까요. 그러나 그러한 시도는 없었습니다."

모드는 윌리에게 얘기할 수 없었다. 나중에 더블린의 공개회의에서 막 연설을 하려고 준비하던 윌리는 모드로부터 그녀가 존 맥브라이드와 파리에서 결혼했다는 전갈을 받게 된다. 윌리는 연설을 했으나 나중에 무슨 말을 했는지 한마디도 기억하지 못했다.

이 사건을 언급할 때, 많은 사람들은 「화해Reconciliation」라는 시를 인용한다.

그대가 내게서 떠난 그날
번개 맞은 사람처럼 귀먹고, 눈멀어……

그러나 그대여, 내게 가까이 있어주오; 그대가 떠난 후,
삭막한 생각이 나를 뼛속 깊이 한기에 떨게 했다오.

When the ears being deafened, the sight of the eyes blind,
With lightning, you went from me…

But dear cling close to me; since you were gone,
My barren thoughts have chilled me to the bone.

윌리는 어찌할 바를 몰랐다. 그들의 깊어지는 관계를 눈치 채지 못하고 모드를 향한 그의 사랑이 다시 한 번 무시당했다는 것에 절

망했다.

「결코 마음을 다 바치지 말아라Never Give all the Heart」에 그는 이렇게 썼다.

마음을 절대 다 바치지 말아라, 사랑은
생각할 만한 가치가 없다는 생각이 들리라
열정적인 여자들에게, 사랑이 확실하다고 생각이 들면.
입맞춤을 할수록 그 사랑이 서서히
사라진다는 것을 그들은 생각지도 못하리라;
아름다운 모든 것은
짧고, 꿈같으며, 정감 어린 기쁨만인 것을.
오, 결코 마음을 온통 바치지 말아라,
모든 부드러운 입술들로 속삭이지만,
잠시의 즐거움에 그들의 마음을 준 것일 뿐.
그리고 이 즐거움을 누구와 더 누릴 수 있겠는가
사랑에 눈이 멀고, 귀가 멀고, 바보가 된 그 사람이 아니라면?
자신을 이렇게 만든 자는, 사랑의 대가를 잘 알리라
자신의 마음을 다 바치고 모두 잃었기에.

Never give all the heart, for love
Will hardly seem worth thinking of
To passionate women if it seem
Certain, and they never dream
That it fades out from kiss to kiss;
For everything that's lovely is

But a brief, dreamy, kind delight.
O never give the heart outright,
For they, for all smooth lips can say,
Have given their hearts up to the play.
And who could play it well enough
If deaf and dumb and blind with love?
He that made this knows all the cost
For he gave all his heart and lost.

성적인 외로움에 윌리는 오랜 친구 플로렌스 파 이메리Florence Farr Emery에게 의지하게 되었다. 존 토드헌터의 연극 「시실리아의 목가시Sicilian Idyll」에 공연했던 플로렌스를 1890년 베드포드 파크에서 처음 만났다. 이미 오래전에 결혼한 몸이었으나, 그녀는 빅토리아 시대의 윤리를 상관하지 않았다. 플로렌스는 G. B. 쇼의 정부였으나 서로 미움 없이 헤어졌다. 윌리는 그녀에게 모든 것을 얘기할 수 있었다. 그들은 영국을 여행하고 다녔으며, 하프의 반주에 맞추어 시를 낭독하는 '영창(詠唱, cantillating)' 공연을 했다. 그들의 성적인 관계는 그녀가 1912년 암으로 앓아누울 때까지 지속됐다. 아프기 시작하자, 플로렌스는 실론에 있는 불교 대학에 갔으며 1917년 죽을 때까지 거기에 계속 남았다. 「모든 영혼들의 밤All Souls' Night」이라는 시에서 윌리는 플로렌스를 불멸하게 만들었다.

플로렌스 이메리를 다음에 불렀다,

얼굴에 첫 주름이 잡히기 시작하고
사랑스럽고 아름다운,
미래가 고통을 줄 것을 알았음에도
'퇴색된 아름다움과 굉장한 평범함' 을 가지고,
학교에서 가르치기를 원했다
이웃과 친구들과 떨어져,
거무스름한 피부들 사이에, 거기서
불결한 세월들이 그녀를 입히도록 두고
주목받지 못하는 끝날까지 사람들의 시야에 숨어 있다.

On Florence Emery I call the next,
Who finding the first wrinkles on a face
Admired and beautiful,
And knowing that the future would be vexed
With 'minished beauty, multiplied commonplace,'
Preferred to teach a school
Away from neighbour or friend,
Among dark skins, and there
Permit foul years to wear
Hidden from eyesight to the unnoticed end…

윌리는 1903년 11월 미국으로 여행을 갔는데, 어쩌면 모드의 결혼을 잊기 위해서 그랬는지도 모른다. 그레고리 부인이 돈을 대주어 간 이 여행은 아주 성공적이었다. 윌리는 그레고리 부인에게 흥미진진한 편지들을 보내 계속 연락을 했다. 여행 경비로 지원해준 돈을 갚으려고 했으나 윌리가 경제적으로 독립할 수 있다고 생각이 들 만큼 돈을 모을 때까지 그에게서 돈을 받지 않겠다며 그레고리 부인이 돈을 받으려 하지 않았다. 윌리가 미국을 세 번째 방문한 1914년이 되어서야 윌리는 경제적으로 자립할 수 있었다.

17

가장 아름다운 여자가 태어나는 것을 나는 보지 않았는가……
호른과 조용한 친절로 쳐라……
노여움의 바람으로 찬 늙은이를 위하여……
「나의 딸을 위한 기도」

모드와 존은 처음에 바르셀로나, 그 다음에는 노르망디로 신혼여행을 떠났다. 다시 파리로 돌아와서 존은 모드가 마음을 잡고 그가 생각하는 정상적인 결혼생활을 하리라고 생각했다.

관습을 중요시 여겼던 존은 모드가 그와 함께 집에 있으면서 인생을 함께하는 것에 행복해할 줄 알았다. 그러나 언제든지 자기가 원하는 곳으로 여행가는 것에 익숙해 있었던 모드에게 이러한 것은 구속으로 느껴졌다. 모드는 정치적인 영웅의 아내이고 싶었다. 그러나 자신이 정치적인 역할을 하는 활동적인 아내이고 싶었다. 아일랜드의 민족주의자들은 존을 정치적인 영웅으로 보았으나 그들이 모드를 지도자의 수준으로 생각하지 않고 감정적으로 호소할 때 그녀를 이용한다는 사실을 존은 알고 있었다. 그러나 한편으로 돈을 쥐고 있는 것은 모드였다. 모드는 남편에게 의존하지 않아도 되었다. 두 사람은 각자 결혼에 대한 다른 기대 때문에 자주 말다툼을 벌였으나 그들의 다툼들을 비밀로 했다. 모드는 더블린에 있는 그녀의 집으로 도망가기도 했다. 영국에 의해 지명 수배를 당하고 있던 존은 아일랜드로 모드를 따라갈 수 없었다.

몇 달이 안 돼, 모드는 윌리에게 결혼을 너무 성급하게 했으며 후회한다고 털어놓았다. 늘 그랬던 것처럼 윌리는 모드를 동정해주었다. 나중에 「나의 딸을 위한 기도A Prayer for My Daughter」에서 윌리는 이렇게 썼다.

풍요로움의 뿔의 입에서
태어난 가장 아름다운 여인도,
그녀의 독단적인 고집 때문에
그렇듯 풍요로운 뿔과 차분한 천성으로
이해되는 모든 선을 버리고
노여움의 바람으로 가득찬
낡은 풍구를
차지하는 것을 보지 않았는가? ……

Have I not seen the loveliest woman born
Out of the mouth of Plenty's horn,
Because of her opinionated mind
Barter that horn and every good
By quiet nature understood
For an old bellows full of angry wind? …

그렇다고 모드가 윌리에게 늘 다정했던 것은 아니다. 윌리가 싱의 희곡 「글렌의 그림자에서In The Shadow Of The Glen」를 연출했는데, 그 연극은 사랑이 없는 결혼을 한 젊은 여성이 여기저기 돌아다니는 방랑의 삶을 사는 남자와 도망가는 이야기이다. 주제에 대한 항의의 표시로 모드는 공연을 반쯤 보다가 나가버렸다. 윌리의 후원자인 애니 호니먼Annie Horniman은 애비 프레어즈 극단의 새 집인 메카닉스 홀The Mechanics' Hall을 새로 수리하는 데 드는 비용을 대주었다. 서민들이 내기에는 너무 큰돈이라며 입장료가 6실링으로 오른 것에 대해 가장 먼저 불평한 사람도 모드였다. 윌리는 그레고리 부인에게 모르는 사람들로부터 오해를 받는 것은 아무렇지도 않지만 친구들로부터 오해를 받는 것은 상처가 된다고 했다.

1903년 7월 에드워드 7세가 아일랜드를 방문하겠다고 발표했을 당시 모드는 더블린에 있었다. 로툰다에서 회의가 열렸고 모드는 존 레드먼드에게 아일랜드당이 충성의 인사말로 왕을 소개할 의도가 있다는 것이 사실이냐고 물었다. 이것은 민족주의들과 왕당파 사이에 다툼을 일으켰고 모드는 무대에서 끌려 내려왔다. 나중에 더블린 조합에서 근소한 과반수의 투표로 왕의 소개를 빼기로 했다.

우연의 일치로 신교도의 수장인 왕은 가톨릭교회의 수장 교황 레오 12세가 서거한 날인 7월 21일에 아일랜드에 도착했다. 사람들은 집 밖에 영국의 국기 유니언잭과 영국 국기 색깔들을 걸었고 모드는 항변의 표시로 검은색 깃발을 걸었다. 경찰들이 와서 검은색 깃발을 떼어가자 모드는 자신의 페티코트를 대신 걸었다. 그 검은색 페티코트를 또 누군가가 내리려 하자 모드의 하녀가 그 사람에게 병을 던졌다. 형사가 집으로 들어오려 하자 모드는 그를 제지했고, 형사가 거칠게 모드를 옆으로 밀어내자 그녀의 하녀가 소리쳤다. "이 더러운 악당아! 감히 여자에게 손을 대다니! 두 번 사람을 죽이는 살인자, 몸 상태도 안 좋은 여자를 건드리다니!" 모드는 하녀에게 그게 무슨 소리냐고 묻자 하녀가 대답했다. "마님, 모르셨어요? 제가 찻잔에서 그 아이를 분명히 보았어요. 유모차 안에 있는 남자아이를요." 모드의 아들 숀이 이듬해 1월에 태어났다.

아들의 출생도 그들 부부 사이를 호전시키지 못했다. 존의 허락을 받고 모드는 더블린의 라트가에 있는 세 수호성인의 교회로 숀을 데리고 가서 세례를 받도록 했다. 존 오리어리가 아이의 대부가 되기로 했으나 그는 아일랜드 공화군IRA의 일원이자 불가지론자라는 이유로 신부가 반대했다. 다른 대부를 찾기보다 이해심이 더 많은 신부를 찾았다.

아들이 아일랜드의 세례를 받은 것에 대해 존은 기뻐했으나 모드가 세례가 끝나고 다시 파리로 돌아오는 길에 런던에서 두 달을 보낸 것에 대해서는 그리 좋아하지 않았을 것이다.

여름에 모드는 아들과 남편을 두고 아일랜드로 다시 돌아갔다. 모드가 아일랜드에 있을 때 존 퀸도 아일랜드를 방문했는데, 그것은 그의 세 번째 방문이었다. 그때쯤 퀸은 켈트 문화 부흥Celtic Revival에 관심이 많았고 아일랜드 행사라면 기꺼이 자금을 대주었다.

윌리도 그해 애비 극장의 개관을 준비하느라 바빴다. 윌리의 새 연극인 「발리아 해변가에서On Baile's Strand」의 준비와 공연 연습으로 한창 바빴고 윌리와 연극단원들은 보수를 받지 않았다.

모드와 윌리는 존이 계속 과음을 하고 있다는 소문을 듣게 되었다. 과음의 주원인은 존의 일거리 부족과 모드의 부재였다. 이졸트, 아일린, 숀과 함께 집에 남겨진 존은 어쩌면 이졸트가 모드의 입양한 딸이 아닌 친딸이었다는 것을 알게 되었는지도 모른다. 모드가 집으로 돌아왔을 때, 그들은 다투었고 말다툼은 폭력적으로 끝났다. 그레고리 부인과 윌리는 이 사태에 대해 매우 걱정했고 말다툼이 잦을수록 모드가 집에서 떠나 있는 시간도 많아졌다.

1905년 8월 13일 『뉴욕 이브닝 월드』에 '똑똑한 여성들은 결혼해서는 안 된다, 모드 곤이 말하다'라는 제목의 기사가 하나 실렸다. 이 기사는 이 신문사의 파리 특파원과 모드가 나눈 인터뷰 내용이었다. "결혼은 실패인가?"라는 질문에 모드는 이렇게 대답했다. "그것은 아내인 여성에 따라서 다릅니다. 세상을 위해서 정말 가치 있는 일을 해야 할 여성이라면, 저는 주저 없이 그 여성에게 결혼은 한탄

할 일이라고 대답할 것입니다. 아니면 적어도 그 여성이 해야 할 일을 성취도 하기 전에 결혼한다면 그렇겠죠. 하지만 평범한 보통 여성이라면 결혼을 안 하는 것보다 하는 것이 낫겠죠. 그러나 남자들은 이기적입니다. 얼마나 이기적이라고요! 처음 결혼할 때 아무리 사랑스러워도 남편들은 반드시 아내의 커리어를 질투하거나 빈정거리게 됩니다. 그리고 결국에는 아내의 삶을 지옥처럼 만들 가능성이 높습니다." 민족주의자들이 모드의 지적인 능력을 진지하게 생각하지 않는다는 것을 알았을 존은 아마 모드가 집에만 있도록 하기 위해 그녀의 커리어에 대해 빈정댔을지도 모른다.

모드는 또 이것이 거의 모든 남자들에 공통적인 진실이라고 말했다. "저는 남자들의 이런 면을 수없이 봤습니다. 아내의 첫 번째 의무가 남편을 신봉하는 것이고 그 다음은 아이들과 집을 돌보는 것이고 살 수 있을 만큼의 음식과 옷을 제공해주는 것만으로도 고마워해야 한다고 생각하는 평범한 남자와 결혼하는 똑똑한 여자들을 무수히 봤습니다. 더구나 요즘에 행복한 결혼이 더 힘든 것은 여자와 남자의 교육 차이에서 오는 어려움이 증가하고 있기 때문입니다. 요즘에는 대개 여성들이 남성들보다 교육을 더 많이 받습니다. 그런 여성들이 이런 생각을 가진 남자들과 결혼한다는 것은 치명적인 잘못입니다……" 여자 가정교사와 유럽을 떠돌아다니느라고 모드는 정식 교육을 많이 받지 못했다. 존이 교육을 더 많이 받았을 듯하지만, 그가 가지지 못한 사교상의 소양들을 모드는 더 많이 가지고 있었다.

"생물학적으로 결혼은 의심할 바 없는 필요일 수도 있죠. 인간적으로 말씀드리자면 그것은 자명한 일이죠. 하지만 여성의 행복의 관점에서 결혼이 최상이자 최선의 제도라는 것을 저는 부정합니다!" 결혼이 생물학적인 필요라고 말한 것과 앞에 "처음 결혼할 때 아무리 사랑스러워도……"라고 말한 사실을 볼 때, 모드와 존이 처음에는 좋은 성적인 관계를 가졌었던 것을 알 수 있다. 모드가 루시앙 밀레보이와 13년 동안 일부일처주의의 관계를 가졌었고 이 관계가 끝나기 몇 달 전쯤 존을 만났고, 미국 여행 중 그가 청혼했다고 말한 것을 보면 비록 윌리에게는 자신이 불감증이라고 주장했지만, 모드는 존을 성적으로 생각하고 있었다. 만약 모드가 이렇게 말했다면 이것이 더 솔직한 대답이었을 것이다. "생물학적으로 성관계는 의심할 바 없는 필요겠죠…… 나는 결혼이 최상이자 최선의 제도라는 것을 부정합니다."

모드는 또 말했다. "백 가구의 집을 들여다보면 일거리와 수입이 다양한 모든 계급의 남자들을 볼 때, 그중 행복하다고 하는 남자들을 적어도 75명은 찾을 수 있을 것입니다. 그러나 여성들의 경우, 불행하다거나 자신들의 인생 어딘가가 불완전하다고 생각하는 사람은 적어도 95명은 될 것입니다. 이것은 남편들이, 이 세상에는 남자만의 만족감과 안락함이 중요하다는 자신들의 신념을 그들의 타고난 설득력으로 아내들에게 변명하기 때문이죠. 아마 모든 경우에 남자들은 아내들에게 거처할 집을 마련해주는 것만으로도 자기들이 그 집안에서 가장 훌륭한 사람이라고 생각할 거예요. 남자들은 자신의 커리어만을, 자신의 출세만을, 그리고 자신의 발전만을 생각합니다…… 그들의 불쌍한 아내들은 다소 혼란스러워하다가 그들에게도 다른 견해가 있었음을 잊게 되어 결국은 남편의 사고방식을 받아들이게 됩니다."

"남편들의 탓이라기보다는 많은 결혼에서 흔히 찾을 수 있는 가족에 대한 의무와 책임 때문에 그런 것이 아닐까요?" 하고 리포터가 물었다.

모드는 대답했다. "왜 여자들은 아내이고 어머니이기 때문에 꼭 주부가 되어야 하는지 저는 잘 모르겠어요. 만약 여자가 직업을 가질 능력이 되고 돈 버는 것을 도울 수 있다면, 왜 단조로운 집안일들을 잘 고른 좋은 급료를 받는 하인들에게 넘기면 안 되나요? 돈을 벌거나 돈을 굳이 벌 필요가 없는 경우, 자신의 직업을 사랑해서 일을 하겠다는 아내를 둔 남자들은 왜 다른 남자들이 자신을 깔본다고 생각해야 합니까?"

모드는 돈을 벌지 않았다. 재산을 물려받았고 그 재산이 그녀의 수입이 되었다. 존은 잘 고른 좋은 급료를 받는 하인에 대해서도 절대 반대하지 않았을 것이다. 모드는 늘 재산과 하인들을 가지고 있었다. 그가 원한 것은 오로지 모드가 남편과 아이들과 시간을 더 보내는 것이었다. 그리고 과거에 모드가 애인이 있었다는 사실이 그를 괴롭혔다. 존은 외로웠고 질투심이 많았다. 아일랜드에서 여전히 추방당해 있던 그는 전쟁 때의 친구들과 어울려 술을 마시기 시작했다.

인터뷰를 마무리하면서 모드는 말했다. "제가 보기에는 이 전체 상황을 이렇게 요약할 수 있습니다. 남자들이 공명정대하게 행동하려고 하거나 그렇게 할 수 있다면 결혼은 인류의 사회 역사상 가장 큰 성공이 될 수 있습니다. 그러나 개인의 자아로 이 세상의 어떤 일에 영향력을 미치려는 꿈이 있는 독립적 본능을 가진 여성이라면 결혼을 피해야 한다고 믿습니다."

존과 모드가 결혼해서는 안 된다고 충고를 했던 그리피스와 존의 형은 얼마나 잘 알고 있었던가!

이 인터뷰로 모드는 많은 지지자들을 잃었으며 모드는 이 인터뷰를 한 것을 후회했다. 존에게는 불공평했지만, 이 기사는 그들이 별거한 후에 출판되었고 모드가 마지막 싸움의 진짜 이유를 댈 수 없었기 때문에 이 사건은 존의 감정을 폭발하게 만들었다. 어느 날 저녁 존은 술이 취해 아일린에게 성적으로 접근했다. 모드는 몹시 광분했다. 이 스캔들을 은폐하기 위해 모드는 그녀의 아름다운 열여덟 살짜리 이복동생이 존의 마흔세 살 된 형 조셉과 결혼할 것을 강하게 주장했다. 이것은 모드가 얼마나 의지가 강했는지를 잘 보여주는 증거였다. 거의 평생 동안 호우트에서 자라고 모드와 불과 몇 년만 지낸 아일린은 모드의 명령대로 했다. 더욱 놀라운 것은 조셉도 이 제안을 받아들였다. 아일린과 조셉은 1904년 12월 파리에서 결혼했다.

모드와 존 사이에 존재했던 외관상의 결혼은 이제 영원히 끝나게 되었다.

18

내 운이 다하자, 그들은 감히 나를 대면하려고 한다,
어둠에서 기어 나와, 나에게 덮쳐든다……
「사람들」

절망에 빠진 모드는 위안을 받기 위해 다시 윌리에게 의지했다. 윌리는 모드와 함께 파리로 여행을 갔으며 그레고리 부인에게 편지를 썼다. "친애하는 친구, 어려움이 있을 때마다 저는 당신에게 의지하네요. 이 끔찍한 사건을 저 혼자서 감당할 수가 없어요. 저는 변호사나 법에 관해서 아는 것이 없습니다. 부인도 이 사연을 듣게 된다면 아무리 그녀가 전혀 모르는 남이거나 최대의 적이라도 다른 것을 다 제쳐놓고 그녀를 도우려고 했을 겁니다."

그레고리 부인은 변호사 친구에게 이혼 계약서를 작성하도록 부탁했고 모드는 이 계약서에 서명했으나 존은 서명을 하려고 하지 않았다. 가장 큰 걱정이 숀의 양육권을 가지는 것이었기 때문에 다른 대안이 없자 하는 수 없이 모드는 합법적인 별거를 신청했다. 모드는 사립탐정들을 고용했고 퀸은 미국에 가 있는 존에 대한 명예훼손 증거들을 입증하려고 했으나 실패했다.

『더 유나이티드 아이리시맨』은 이 사건에 대해 한마디도 언급하지 않았으나 1905년 2월 28일 『아이리시 인디펜던트』는 『런던 데일리 뉴스』에 실린 글을 인용하여 기사를 실었다. "남편은 학대, 간통, 그리고 알코올 중독의 혐의를 받고 있다. 그는 현재 아내와 별거중이며 아내가 집을 떠나 있을 때 술 취한 아일랜드 사람들을 집으로 데리고 와 침대에서 그들을 재웠다고 아내가 주장하고 있다." 이 기사를 읽고 경악한 존은 『아이리시 인디펜던트』를 명예 훼손으로 고발했다. 소송이 진행되는 동안 영국의 신문사들은 이 사건에 대해서 쓸 수 없었다. 이 사건으로 인해 그들의 이혼 심리가 연기되었다.

1905년 초 존은 모드에게 만약 모드가 가장 치명적인 증거를 밝히지 않는다면 법정 밖에서 모드와 협의하겠다고 했다. 이 소송은 1905년 7월 26일 센의 시민 재판소에서 심문이 열렸으며 드디어 8월 9일 이혼은 아니지만 모드에게 별거를 인정해주었다. 양측에게 다행히도, 방종에 대한 상호간의 혐의는 충분하다고 판단되었다. 1905년 8월 10일 『아이리시 인디펜던트』의 한 기사에 보도되었다. "법원은 맥브라이드 부인에게 당분간 아이의 양육권을 주었고 맥브라이드 소령은 허락을 받고 매주 월요일 3시에서 5시까지 아이의 어머니 집에서 판결에서 지명된 제3자의 입회하에 아이를 볼 수 있다.” 또 추가 조항에 숀이 6세가 된 후 매년 8월 한 달 동안 숀을 데리고 있을 권리를 존에게 주었다.

존의 아일랜드로부터의 추방은 풀렸고 존 오리어리와 다른 민족주의 친구들과 함께 아일랜드의 독립운동을 하기 위해 다시 아일랜드로 돌아갔다.

모드는 1906년 별거의 최종 판결이 날 때까지 프랑스에 머물렀다. 그해 10월 모드는 그레고리 부인의 연극 「감옥문The Gaol Gate」을 보러 아일랜드를 방문하면서 조심스럽게 탐색을 시작했다. 윌리와 함께 관중들 사이를 걸어가자 관중들은 쉬쉬하며 야유를 했고 “일어나봐, 맥브라이드!”라고 외치는 것을 들을 수 있었다. 어떤 사람들은 야유 소리가 들리지 않게 하려고도 했다. 모드는 침착해보였지만 아일랜드 군중들의 이러한 반응을 보는 것은 처음이었다. 관중들은 그녀가 동요하지 않는다고 생각했으나 윌리는 모드가 마음속으로 괴로워하고 있다는 것을 알았다. 그리고 「사람들The People」이라는 시에 윌리는 사람들의 행동에 대한 놀라움을 기록했다.

‘이 모든 일의 대가로 나는 무엇을 얻었는가,’ 나는 물었다,
‘그 모든 일을 내가 자비로 했단 말인가?
매일 되풀이되는 무례한 마을의 앙심,
이곳에서 가장 많이 봉사한 사람이 비난거리가 되고,
평생의 명성도 잃게 되었다……’

그러나 곧 그의 불사조가 책망하며 대답했다,
'술주정뱅이들, 사회자금을 빼돌리는 도둑들,
내가 몰아낸 모든 부정직한 무리들,
내 운이 다하자, 감히 나를 대면하려고 한다,
어둠에서 기어나와, 나를 덮쳐든다
내가 받들었던 사람들, 내가 먹여준 사람들마저;
그러나 나는 아직까지, 그리고 지금도
사람들에 대해 불평하지 않는다……

'What have I earned for all that work,' I said,
'For all that I have done at my own charge?
The daily spite of this unmannerly town,
Where who has served the most is most defamed,
The reputation of his lifetime lost…'
Thereon my phoenix answered in reproof,
'The drunkards, pilferers of public funds,
All the dishonest crowd I had driven away,
When my luck changed and they dared meet my face,
Crawled from obscurity, and set upon me
Those I had served and some that I had fed;
Yet never have I, now nor at any time,
Complained of the people…'

그러나 전적으로 관중의 잘못은 아니었다. 모드와 존은 법정에서 모든 사실들이 언급되지 않은 것에 안심했지만 아일랜드 대중에게는 해결되지 않은 여러 의문들이 남았다. 이들의 별거 이유는 방종 때문이라고 언론에서 보도했다. 아일랜드에서는 방종보다는 성적인 죄를 더 경멸했다. 술꾼을 보고 일컬었던 '가혹한 남자' 보다는 '타락한 여자' 가 훨씬 더 나빴다. 신문에 난 모드의 결혼관에 대한 인터뷰 기사도 그녀의 이미지에 도움이 되지 못했다. 존은 충실했는가? 모드의 지지자들이 이 질문을 던지면 존의 친구들은 프랑스에 있는 모드의 소문난 애인과 아이에 대한 질문으로 반박했다.

윌리, 그레고리 부인, 그리고 가까운 친구들은 모드를 크게 동정했으나 모드는 군중의 사랑을 잃어버렸다. 모드의 인생에 세 번의 큰 사랑이 있었다. 갑자기 돌아가신 아버지에 대한 사랑, 다른 여자에게 가려고 자기를 버린 루시앙에 대한 사랑, 그리고 마지막으로 지금 모드를 거부하고 있는 아일랜드 국민에 대한 사랑.

아일랜드에서는 그녀의 별거가 인정되지 않고 만약 아들을 아일랜드로 데리고 와서 살았으면 존이 완전한 양육권을 요구할 수 있기 때문에 프랑스에 가서 산다고 모드는 말했었다. 하지만 그것은 사건의 전모가 아니었다. 존은 한 번도 아들을 보겠다고 요구한 적이 없었다. 별거 판결이 나고 3년 후 모드는 법정으로 다시 갔으며 존 맥브라이드는 매년 8월 한 달 동안 아들을 데리고 있을 수 있는 권리마저 박탈당했다. 비록 그녀가 가진 종교에서는 허락되지 않았지만 모드는 완전한 이혼 소송을 제기했다. 이 항소는 기각되었으나 3년 후에 이 소송을 다시 제기할 수 있는 권리가 주어졌다. 존이 자신과 아들 숀에게 거리를 두는 한 법정에 다시 가지 않겠다고 모드는 결심했다. 모드는 존이 아들의 양육권을 요구할 것이라는 것에 대해서는 크게 두려움을 느끼지 않았던 것 같다.

모드는 딸을 늘 프랑스에 두었으며 이졸트는 괜찮은 수녀원에서 교육을 받고 있었다. 이졸트를 아일랜드로 데리고 왔으면 소문만 더 많아졌을 것이다. 아일랜드가 모드에게 등을 돌리자 겨울은 파리에서, 그리고 여름은 아이들과 함께 노르망디 칼바도스 지방 콜빌-쉬르-메르에 있는 레 무에트에서 보냈다. 그는 윌리와 '아일랜드의 딸들Daughters of Erin'을 통해서 아일랜드의 소식을 계속 들었다.

윌리는 모드를 보러 프랑스에 자주 갔으며 그녀의 집 가까이에 위치한 파리의 파시 호텔 아니면 노르망디에 있는 그녀의 집에 묵었다. 윌리의 비밀일기에 의하면 1907년에 적어도 한 번은 그녀와 사랑을 나누었다고 한다. 어쩌면 윌리는 모드에게 나중에 파기되었을 사랑의 편지들을 보냈는지도 모른다. 모드만이 읽었을, 그녀만을 위한 사랑의 시를 써주었다고 상상하면 마음이 흐뭇해진다. 아일랜드에서 모드는 여전히 존과 결혼한 상태였으므로 그 시들을 출판했을 리는 없다.

모드를 향한 윌리의 열정은 줄어들지 않았지만 윌리를 향한 모드의 열정 또한 늘어나지 않았다. 모드는 더 이상 윌리와 육체적인 관계를 지속하는 것을 원하지 않았다. 1908년 6월에 윌리는 일기에 이렇게 썼다. "…… 토요일 저녁에 모드는 근래에 일어났던 일들을 부정적으로 얘기하면서 1898년 우리의 영혼 결혼식에 대한 모든 것들을 상기시켰다. …… 모드는 이 관계를 다시 살려야 한다고 믿고 있다…… 앞으로 영혼의 결속만으로 살겠다고 그녀는 말했다…… 그것과 자식들만을 위해 살겠다고……"

영혼의 결혼식은 윌리와 모드에게 소중한 것이었으며 1908년 6월부터 1909년 1월까지 지속되었다. 그들은 꿈에서 같이 사랑을 나눌 수 있다고 믿었다. 이러한 결합들에 대한 자세한 이야기들을 고급 흰색 송아지 가죽으로 만든 공책에 기록했다. 발췌 내용들은 버지니아 무어의 『유니콘, 윌리엄 버틀러 예이츠의 현실을 찾아서 *The Unicorn, William Butler Yeats' Search for Reality*』에 포함되었다.

한 번의 결합에 대해 1908년 7월 25일 윌리가 기록을 했는데, 그 다음날 모드가 이 결합을 확증하는 기록을 남겼다. 그들의 결합은 우주에서 일어났으며 윌리는 거대한 뱀의 형태를 갖추고 있었다. 모드는 그들이 입맞춤을 나누었으며 서로에게 '녹았다'라고 표현하고, 이 결합은 육체적이라기보다 영혼의 결합이었다고 했다. 모드가 이것을 두고 어떻게 전혀 육체적이지 않았다고 주장할 수 있었는지 이해하기 어렵다. 둘 다 사십대 초반이었으며 윌리는 20년이 넘도록 모드를 향한 그의 육체적인 욕망에 대해 그녀에게 계속 이야기했다.

윌리는 모드의 행동들을 늘 해명했다. 그들의 정신적인 결혼은 1909년 1월에 끝났고 윌리는 그달 말 일기에 이렇게 썼다. "그녀의 종교적인 신념과 점점 빠져드는 가톨릭주의 때문에 우리 사이는 갈라지고 있다. 교회 때문에 남편과 헤어지고 새로 결혼하려고 하지 않는다. 이 말을 하고 난 후부터 나와는 거리를 두려고 하지만 늘 가까이에 있다. 그녀도 옛날보다는 나를 더 사랑하는 것 같다. 게다가 육체적인 사랑에 대한 그녀의 예전 공포가 다시 살아난 것 같다."

"이 공포는 아마 그녀의 인생을 망친 듯싶다. 자연적이고 본능적인 선택은 억누르고 환상적인 임무들만 자유롭게 일어나도록 내버려둔다. 나에게 철학은 본능에서 나오는 하루의 응원가이자 배움의 기쁨을 주는 것이다. 그러는 동안 내내 그녀는 슬픔과 부정(否定)으로 더욱 고결해진다. 이 모든 것은 어떠한 결말을 가지고 올까? 그녀와 내가 염려된다. 그녀는 내 자신을 다 가졌다. 나는 이렇게 깊이 사랑에 빠져본 적이 없다. 그러나 이 사랑의 독에서 헤어나기 위해 나의 욕구를 다른 곳으로 돌려야 한다. 무슨 일에 얽히게 되어 우리가 이별하게 될까봐 나는 끊임없는 공포에 시달리고 있다. 그러나 그런 와중에 내가 그녀를, 그녀는 나를 만들었다는 것을 나는 알고 있다. 모드는 나의 순진함이며 나는 그녀의 지혜이다."

그 다음날 윌리는 계속 썼다. "PIAL('금빛 새벽회'에서의 모드의 이름)은 나의 계획과 성향과 사상을 한 번도 진정으로 이해한 적이 없다는 생각이 오늘 문득 들었다. 그러고 나서 또 든 생각이, 그러면 어때? 나는 그녀에게 나를 설명하려고 얼마나 최선을 다했고 지금도 최선을 다하고 있는가? 그녀가 나를 이해했다면 나는 글을 써야 하는 이유를 잃었을 것이다. 이렇게 고된 일을 하는 이유를 결코 이렇게 많이 찾을 수 없을 것이다."

윌리는 불행으로 인해 아름다운 시를 쓰기 때문에 언젠가 세상 사람들이 자기가 윌리와 결혼하지 않은 것에 대해 고마워할 것이라고 모드는 말한 적이 있다. 실로 윌리는 보답 없는 사랑 때문에 최고의 작품들을 만들었는데 이것은 모드의 말이 맞았다는 것을 증명해준다.

윌리는 타고난 이단자로 묘사되어 있다. 모드도 가톨릭교회에서 존과 결혼하기 전까지 윌리와 마찬가지로 이단 신앙을 가졌었다. 그러나 정절에 대한 그들의 생각은 달랐다.

윌리는 정신적으로는 다른 여자에게 마음을 준 적이 없지만 육체적으로 다른 여자들과 관계를 가지는 것에는 아무런 문제가 없다고 생각했다. 올리비아와 플로렌스 파도 있었지만 런던에 있는 의료 안마사 마벨 디킨슨Mabel Dickenson과도 오랜 관계를 가졌었다. 그리고 다른 여자들도 있었다. 윌리는 어떠한 종교의 가르침도 믿지 않았고 양측에서 기꺼이 원한다면 불륜 관계에 아무런 문제가 없다고 생각했다.

반면 모드는 루시앙을 사랑했기 때문에 육체적으로 그에게 13년 동안 충실했다. 많은 추종자들과 굉장한 미모에도 불구하고 모드는 애인이 그리 많지 않았다. 물론 이 시대가 피임법이 발견되기 이전의 시기였으므로 여자에게 관계는 원치 않는 임신을 초래할 수도 있었다. 모드는 루시앙과 같이 살고 있을 때 윌리와 정신적으로 결혼하는 것에 잘못이 없다고 생각했다. 존에게 육체적으로 끌렸을 것이다. 그렇지 않았다면 루시앙과의 결혼에 대해 다시 생각해보지 않았을 것이다. 얼마 가지 않아 결혼으로부터 오는 제약들이 모드와 존 사이를 갈라놓기 시작했다. 윌리도 분명히 모드가 정치적인 활동들을 포기하기를 바랐을 것이기 때문에 그들의 관계를 '정신적인' 수준으로 유지하는 것이 현명하다고 모드는 생각했다. 그리고 윌리를 자신의 곁에 두고 마음대로 조종하기 위하여 성관계에 대한 공포증을 가지고 있다고 둘러댈 수 있었다. 윌리에게 엄청난 고통을 주고 있다는 것을 알고 있으면서도 이 슬픔으로 윌리가 좋은 사랑 시를 쓴다고 자신을 정당화시켰다.

표면상 다른 사람에게 쓴 시들도 모드에 관한 시들이었다. 이졸트를 위해 쓴 「소녀에게To A Young Girl」도 그렇다.

애야, 애야, 난 알고 있단다
다른 누구보다도
무엇이 너의 가슴을 그리 뛰게 하는지;
네 엄마조차도 알지 못한다
내가 아는 것처럼,
네 엄마 때문에 나도 가슴이 찢어졌단다
네 엄마가 거절하고,
이미 잊어버린,
그 말도 안 되는 생각이,
네 엄마의 피를 끓게 하고
눈에 눈물을 고이게 했을 때.

My dear, my dear, I know
More than another
What makes your heart beat so;

Not even your own mother
Can know it as I know,
Who broke my heart for her
When the wild thought,
That she denies
And has forgot,
Set all her blood astir
And glittered in her eyes.

19

> 나는 자식이 없고 가진 것은 다만 한 권의 책뿐,
> 당신들의 피와 내 피의 증거는 다만 그것뿐임을……
> 「서시」

아일랜드 연극을 위한 윌리의 노력은 계속됐다. 1907년 1월 26일 싱이 연출한 「서쪽 세상에서 온 한량The Playboy of the Western World」은 큰 소동을 일으켰다. 민족주의자들은 이 작품이 아일랜드 사람들을 웃음거리로 만들었다고 여겼고 윌리는 그들이 진정한 예술을 지적으로 감상할 수 있는 능력이 없다고 느꼈다. 이 연극에 대한 공개 토의가 열렸는데, 여기서 윌리의 아버지는 이 연극을 지지해주었다. 윌리는 「아름답고 고결한 것들Beautiful Lofty Things」에 이렇게 썼다.

아버지는 애비 무대 위에, 분노한 군중들 앞에……

My father upon the Abbey stage, before him a raging crowd…

모드에게 그랬던 것처럼, 아일랜드는 윌리에게도 등을 돌렸다. 윌리는 그레고리 부인과 부인의 아들 로버트와 함께 이탈리아로 피신했다.

1908년에 친구들이 J. B.를 이탈리아에 보내기 위해 돈을 모았는데 J. B.는 릴리의 전시회를 열기 위해 그 돈을 릴리와 함께 미국으로 가는 데 썼다. 그들은 환영을 받았으나 너무 오래 머물렀다. 릴리는 다시 집으로 돌아왔으나 J. B.는 여생을 미국에서 보냈다. 뉴욕의 어떤 변호사가 J. B.를 이렇게 묘사했다. "더블린에 있으면 희망이 없는 파산이지만 여기 미국에서는 희망이 있는 파산이다." J. B.도 동의했다. 윌리의 요청으로 존 퀸이 윌리의 아버지 J. B.를 돌보기로 했다.

윌리는 모드를 수도 없이 방문했는데, 1910년 5월 초에 윌리가 모드를 보러 프랑스로 갔을 때, 애비 극장을 젊은 도시층 극작가 레녹스 로빈슨Lennox Robinson에게 맡기고 갔다.

5월 7일 에드워드 7세가 세상을 떠났을 때 로빈슨은 극장을 계속 열어둬야 한다고 생각했다. 조언을 구하기 위해 그레고리 부인에게 전보를 쳤다. 그러나 전보는 중간에 지체되었고 문 닫을 것을 충고한 그레고리 부인의 답장이 도착했을 때쯤, 이미 연극의 낮 공연이 진행되고 있었다. 애비 극장의 주 후원자였던 호니먼 양이 전보를 보내왔다. "감독과 로빈슨이 더블린 언론에 바른 예의를 표하지 않은 것에 대해 사죄하지 않으면 보조금을 중단시키겠습니다." 그레고리 부인이 언론에 사죄의 글을 올렸으나 호니먼 양이 사과를 받아들이지 않았다. 아서 그리피스는 그의 주간 신문에 이렇게 썼다. "예이츠 씨가 현재 아일랜드에 없는 관계로 그의 조감독이 심한 욕설로 채찍질 당하는 것 같은 기분으로 받은 모욕들을 제대로 읽지 못한 것 같다. 예이츠 씨도 영국 돈에 팔려 국민들이 비난과 모욕을 하도록 내버려둘지 현재로선 미지수이다." 윌리와 민족주의자들 사이에 여전히 적개심이 존재하고 있음을 시사해주는 또 하나의 증거였다.

호니먼 양은 애비 극장의 후원자로서 손을 뗐다. 돈을 마련하기 위해 윌리는 런던에서 '라이머스 클럽'과 극작가 싱에 관한 기억들에 대해 연설하고 다녔다. 이 수입과 다른 사적인 기부금으로 애비 극장의 수명을 연장시킬 수 있었다.

이러한 일에도 불구하고 윌리는 재정적인 문제에서 빠져나올 수 없었다. 그의 삼촌 조지 폴렉스펜이 그해 말 세상을 떠났으나 대부분의 재산을 폴렉스펜가의 식구들에게만 남겼다. 윌리를 돕기 위해 그레고리 부인과 에드먼드 고스Edmund Gosse는 윌리가 민간인 지원 대상자에 오를 수 있도록 해주었다. 대상자는 왕실의 지원으로 생활 보조금을 받을 수 있었다. 윌리는 정치적인 충성을 맹세하지 않고서도 이 돈을 받을 수 있었다. 민족주의자들은 그를 '연금 수령자 예이츠'라고 불렀다.

1911-12년 겨울에 그레고리 부인과 레녹스 로빈슨은 예이츠에게 애비 극장을 맡기고 미국에 있었다. 그레고리 부인은 존 퀸과 옛정을 새로이 했다. 1904년 존이 그레고리 부인을 보러 쿨을 방문한 적이 있었는데, 이제 그들의 관계는 더 발전했고 그레고리 부인은 집으로 돌아와서 존에게 편지를 보냈다. "나의 존, 친애하는 나의 존, 나만의 존, 다른 사람들의 존이 아닌……" 그리고 그들의 관계를 황홀한 우정이라고 표현했다.

그레고리 부인과 로빈슨이 미국에 가 있는 동안 윌리는 올리비아 셰익스피어를 보기 위해 영국을 잠깐 방문했다. 올리비아뿐만이 아니라 올리비아의 남동생, 그리고 그의 아내 퀘엑섬에 있는 픽힐 홀의 전 하이드-리스Hyde-Lees 부인도 만났다. 몇 달 후 윌리는 하이드-리스 부인의 첫 번째 결혼에서 낳은 스무 살 난 딸 조지나(조지라고도 불림) 하이드-리스를 만났다. 조지나는 문학과 음악에 관심이 많았으며 그 후 5년 동안 윌리와 자주 만났다. 이 우정이 결혼으로 발전할 것이라는 것을 조지나나 윌리 둘 다 모르고 있었다.

그동안 모드는 아이들과 함께 프랑스에서 즐거운 날들을 보내고 있었다. 모드는 1909년 아일랜드를 방문했고 1910년 아이들을 데리고 아일랜드를 방문했다. 결국 존이 숀을 데리고 갈까봐 겁이 난다고 했던 증언은 거짓말이었던 것이다. 존은 IRB의 일원으로 일하면서 그의 명성을 다시 쌓고 있었다. 존과 모드 둘 다 아일랜드에서 아일랜드의 사업을 장려하기를 희망했던 쉰 페인Sinn Féin당에 관심이 있었다. 1911년 존은 로버트 에머트Robert Emmet의 생일을 기념하기 위해 로툰다에서 열린 회의의 사회를 맡았다. 모드도 그 회의에 참석했고 존과 마주치지는 않았다. 그들은 사이가 좋지 않았다. 모드는 이름을 다시 모드 곤으로 바꾸었다.

아일랜드의 학교에서는 학생들이 점심을 먹으러 집에 가는 것을 허락하지 않는다는 것과 많은 아이들이 아침식사를 받지 못한다는 것을 알게 된 모드는 경악한다. 프랑스의 학교에서는 학생들에게 점심식사를 제공했는데 모드는 이런 비슷한 제도를 아일랜드의 학교에 도입하기로 결심한다. 모드는 폴란드의 백작과 결혼하여 마르키에비츠Markievicz 백작부인의 칭호를 얻은 고어-부스 백작부인에게 도움을 청했다.

백작부인은 아일랜드의 문제에 깊이 몰두해 있었다. 그녀도 아일랜드를 위해 자신을 완전히 헌신하기 위하여 딸 메이브Maeve를 어머니 고어-부스 부인에게 맡기고 있었다. 이것 때문에 백작부인도 많은 비판을 받았으나 그녀가 무관심한 엄마가 아니라 나라를 위해 자신의 사생활을 욕심 없이 버린 것이라고 모드가 옹호했다. 백작부인도 아일랜드의 젊은이들이 아일랜드를 위해 싸울 수 있도록 훈련을 해야 한다는 모드의 의견에 동의하고 있었다. 백작부인은 단원들에게 총을 다루고 쓰는 법을 가르치는 '피니어단The Fianna' 이라는 조직을 결성했다.

영감을 받은 모드는 여름에는 계속 노르망디에 있었으나 겨울에는 아이들을 파리의 학교에 남겨두고 굶주리고 있는 아일랜드의 학생들에게 교내 식당을 세워주기 위해 더블린으로 돌아왔다. 세인트 아우든St Auden에서 모드와 백작부인을 포함한 팀원들은 첫해에만 250명의 학생들을 먹였다.

윌리는 「그녀에 대한 칭찬Her Praise」에서 모드를 재빨리 칭찬했다.

그녀에 대한 칭찬을 가장 먼저 듣고 싶다.
나는 온 집을 돌아다녔다, 오르락내리락
새 책을 출판한 남자 같이,
새 드레스를 입은 어린 소녀처럼,
내 비록 두서없이 말했어도,
그녀에 대한 칭찬을 가장 먼저 듣고 싶다.
한 여자가 자기가 읽은 어떤 새로운 설화에 대해 얘기하고,
한 남자는 어리둥절하게 반 꿈결에 있고,
마치 다른 이름이 그의 머릿속에 지나간 것 같다.
많은 사람들 중 난 그녀에 대한 칭찬을 제일 먼저 듣고 싶다.
나는 더 이상 책이나 긴 전쟁에 대해 얘기하지 않고
마른 가시를 지나겠다
바람을 피해 있는 걸인을 찾고
그곳에서 얘기하다 그녀의 이름이 나올 때까지.
남루한 옷을 입는 곳에선 그녀의 이름을 알 것이고,
기꺼이 기억할 것이다, 옛날에는
젊은이에게선 칭찬을, 노인에게선 비난을 받았지만,
가난한 자들은 젊은이 늙은이 모두 그녀를 칭찬했었지.

She is foremost of those I would hear praised.
I have gone about the house, gone up and down
As a man does who has published a new book,
Or a young girl dressed out in a new gown,
And though I have turned the talk by hook or crook
Until her praise should be the uppermost theme,
A woman spoke of some new tale she had read,
A man confusedly in a half dream
As though some other name ran in his head.
She is foremost of those I would hear praised.
I will talk no more of books or the long war
But walk by the dry thorn until I have found
Some beggar sheltering from the wind, and there
Manage the talk until her name come round.
If there be rags enough he will know her name
And be well pleased remembering it, for in the old days,
Though she had young men's praise and old men's blame,
Among the poor both old and young gave her praise.

노르망디에서 보내는 여름은 마치 딴세상 같았다. 갈매기들의 이름을 따서 '레 무에트' 라고 이름을 붙인 모드의 집은 루시앙이 이졸트를 위해 모드에게 위탁한 집이었다. 윌리가 여기를 방문할 때면, 그들은 끝없이 싱의 연극과 쉰 페인당에 대해 다투었다.

모드는 '아일랜드의 딸들' 이 제작하는 여성 월간지 『벤 너 헤이런

Bean na h'Éireann』의 작업으로 바빴다. 윌리는 극장에서 일했고 더블린에서 현대 그림들을 전시할 곳을 찾고 있던 그레고리 부인의 조카 휴 레인Hugh Lane과도 친분을 쌓았다. 1910년 4월 윌리는 왕립문학협회의 회원이 되었고 새 시집을 출판했다.

세월이 지나자 윌리는 모드와 결혼하는 것에 대해 절망했고 그의 조상들에게 쓰는 「서시Introductory Rhymes」라는 시를 썼다.

용서하소서, 선조들이여. 만일 아직도 남아 계시어
이야기의 마지막을 들을 수 있는 어딘가에 계신다면.
1할 4부의 세금면제를 받고 혹은 골웨이로부터
스페인까지 무역을 하던 지난날의 더블린 상인이여.
백 년 동안이나 가난한 자들이 기억하고 있는,
로버트 에머트의 친구였던 지난날의 시골 학자여.
어떤 장사꾼의 허리를 통해서도 흐른 적이 없는
피를 나에게 전해준 상인과 학자여.
어떤 주사위가 던져지든지 목숨을 바친 군인들,
그 네덜란드인이 강을 건널 때 보인 강의
짠물 곁에서 제임스와 그의 아일랜드인들을
저지했던 버틀러가 혹은 암스트롱가의 선조여.
비스케이 만에서 너덜너덜한 모자를 주우려고
배 너머로 뛰어든 지난날의 상인 선장이여.
누구보다도 당신, 과묵하고 성질이 사나운,
그 모습에 내가 매일 상상의 나래를 펴고
소년의 입술로 '오직 넉넉한 미덕만이

태양을 얻는다' 라고 중얼거렸던 당신이여.
비록 내 마흔아홉 살의 나이에 가까이 왔건만
열매 맺지 못하는 사랑 때문에 자손은 없고,
가진 것은 다만 한 권의 책뿐, 당신들의 피와
내 피를 증거하는 것은 다만 그 책 외에 아무것도 없음을 용서하소서.

Pardon, old fathers, if you still remain
Somewhere in ear-shot for the story' s end,
Old Dublin merchant 'free of the ten and four'
Or trading out of Galway into Spain;
Old country scholar, Robert Emmet' s friend,
A hundred-year-old memory to the poor;
Merchant and scholar who have left me blood
That has not passed through any huckster' s loin,
Soldier that gave, whatever die was cast:
A Butler of an Armstrong that withstood
Beside the brackish waters of the Boyne .
James and his Irish when the Dutchmen crossed;
Old merchant skipper that leaped overboard
After a ragged hat in Biscay Bay;
You most of all, silent and fierce old man,
Because the daily spectacle that stirred
My fancy, and set my boyish lips to say,
'Only the wasteful virtues earn the sun' ;
Pardon that for a barren passion' s sake,

Although I have come close on forty-nine,
I have no child, I have nothing but a book,
Nothing but that to prove your blood and mine.

윌리에게 조상의 족보는 아주 중요한 것이었기 때문에 대를 잇지 못할 것이라는 생각은 그를 힘들게 했다. 윌리는 아일랜드의 정치 일에 점점 흥미를 잃기 시작했으며 글을 쓰는 데 열중하게 되었다. 아일랜드 자치국에서 두 번의 독회가 있었는데, 아일랜드 노동조합원들은 이것을 받아들일 수 없었고 민족주의자들은 일어날지도 모르는 대결에 대비해 전투 준비를 했다. 하루에 14시간씩 일하는 것은 지나치다고 생각한 노동자들이 운송 노동자 조합장인 짐 라알킨 Jim Larkin의 지지를 받아 1913년에 더블린에서 파업을 했다. 이 파업으로 노동자들은 축출되었고 모드는 무료 급식의 경험을 가지고 굶주리고 있는 파업 노동자들에게 먹을 것을 제공해주었다. 프랑스에서 숀이 홍역으로 아프다는 소식을 듣고 프랑스로 급히 갈 때까지 모드는 노동자들을 계속 도왔다.

모드는 포릭 피어스 소유의 라트마인스 지방에 있는 컬린스우드의 세인트 엔다 학교를 방문했다. 이 학교는 아일랜드와 민족주의자들이 학생들을 교육시키는 곳으로 그들은 이 학교에 대한 자부심을 가지고 있었다. 모드는 숀을 이 학교에 보내기를 간절히 원했으나 존에게 너무 좋은 일이 될 것 같았다. 모드는 숀과 존을 최대한 멀리 떼어놓고 싶었다.

1914년 제1차 세계대전이 일어났을 때, 모드는 프랑스에 있었다. 처음부터 전쟁에 반대했었으나 부상을 입은 프랑스 군인들을 본 모드는 그들에게 연민을 느끼게 되었고 부상당한 사람들을 돕기 위하여 이졸트와 함께 적십자에 가담하게 된다. 1915년 1월 7일 모드는 퀸에게 이 모든 상황이 매우 침울해졌다고 편지를 보냈다. 부상자들은 간호를 받고 건강해지면 다시 전투로 보내졌다.

아일랜드에서 존 레드먼드는 유럽 전쟁에 아일랜드 사람들이 영국과 힘을 합쳐야 한다고 믿었고 아일랜드 신병을 모집하기 시작했다. 그레고리 부인과 윌리는 이 의견에 동의했으며 그레고리 부인의 아들 로버트는 나중에 영국 공군에 입대했다. 모드는 이것에 전적으로 반대했다. 쿠나르드Cunard 부인은 윌리와 총독인 윔본Wimborne 경을 저녁식사에 초대했다. 윔본 경은 윌리가 아일랜드 신병 모집을 공식적으로 지지해주기를 원했고 총독이 윌리에게 '매우 후한 자비' 를 베풀 생각이라고 전했다. 혼의 저서에 의하면 윌리가 자신의 여동생에게 보낸 편지에 다음과 같이 썼다. "…… 너에게 얘기해줄 아주 사적인 소식이 있다. 방금 기사 작위를 거절했단다. 쿠나르드 부인이 이미 당국의 의견을 타진했고 나에게 그 일에 대해 물어보았어. 제발 이 비밀을 너만 알고 있기를 바란다. 만약 비밀이 밖으로 새어나가 더블린의 이야깃거리가 된다면 나는 굉장한 무례를 저지르는 것이 될 거야. 아주 좋은 의도로 나에게 물었거든. 나는 '나이가 들수록 제가 점점 보수적으로 변해가는 것 같습니다. 생각이 깊어져서 그런 것인지 아니면 내 피가 더 차가워진 것인지 사람들이 저를 보고 '훈장 때문에 우리를 떠났다' 라고 말을 하는 것을 듣고 싶지 않습니다' 라고 대답했지." 이것은 물론 브라우닝의 시에서 인용한 말이었다. "겨우 한 주먹의 은화 때문에 우리를 떠났다, 겨우 코트 속에 훈장을 넣으려고."

아무도 자신에 대해서 그런 말을 하지 않기를 바랐겠지만, 만약 그가 그 제의를 받아들였다면 모드가 제일 먼저 나서서 자신을 비난했을 것을 알았다. 모드는 그가 이 제의를 거절하는 데 분명히 영향을 미쳤을 것이다. 영국 작위를 받거나 영국을 돕겠다고 제의할 것을 생각만 했었어도 그와 모드의 관계에 넘을 수 없는 장애를 가지고 왔을 것이다.

모드는 전쟁에 관한 일들을 프랑스에서 계속했다. 독일군의 잠수함이 그레고리 부인의 조카 휴 레인이 타고 있던 영국의 루시타니아호를 격침시켰을 때 윌리는 그레고리 부인을 위로하러 쿨에 갔다. 자신의 프랑스화 소장품들을 모두 아일랜드 사람들에게 남기겠다는 휴 레인의 유서의 서명이 없는 유언 보충서가 논란을 일으켰다.

IRB가 앞으로 있을지도 모르는 영국과의 최후의 전투를 위해 사람들을 훈련시키고 있었다는 것을 윌리도 모드도 모르고 있었다.

20

모든 것이 변했다. 너무도 변했다.
무서운 아름다움이 태어났다……
「1916년 부활절」

영국이 계속 전쟁 상태일 때, IRB에 속해 있던 아일랜드 민족주의자들은 "영국의 역경은 곧 아일랜드의 기회"라고 생각했고 1916년 4월 24일 반란을 준비했다. 몇 년 전에 모드와 윌리가 가입했을 때와는 새롭고 많이 변한 IRB의 모습이었다. 많은 민족주의자들은 이 반란에 찬성하지 않았다. 지원 의용자들의 우두머리였던 온 막네일Eoin MacNeil도 마지막 순간에 반란에 대한 통지를 받았다. 그러나 막네일은 배(아우드The Aud 호)에 무기를 싣고 트랄리에 오기로 했던 로저 케이스먼트Roger Casement가 영국군에게 붙잡혔다는 소식을 곧 듣게 되었다. 영국군은 배를 침몰시켰다. 막네일은 10,000명의 지원자들을 데리고 오기로 되어 있었으나 불행한 소식과 반란에 대한 계획을 늦게 듣는 바람에 지원하기로 약속한 사람의 10분의 1 정도만 모집할 수 있었다. 이 반란은 거의 더블린에서 한정되어 일어났다.

부활절 휴일이었던 그날 대부분의 귀족 계급들과 공무원들은 페리하우스 경주장에 가 있었다. 색빌 오코넬가에 위치한 제너럴 우체국 사무소에 본부를 설치하기 위해 포릭 피어스는 커널리와 합류했다. 스테판 가든에 있던 마르키에비츠 백작부인을 포함한 다른 지도자들도 도시 곳곳의 주요 지역에 위치를 잡았다.

반란에 대해서 얘기를 듣지 못한 존 맥브라이드는 결혼식에 갔다가 집으로 돌아오는 길에 반란을 보게 되었고 더블린 성이 내려다보는 위치에 있던 제이콥 비스킷 공장에 위치한 토머스 맥도너Thomas MacDonagh와 합류했다. 군인 출신으로 경험이 많았던 존은 매우 쓸모 있는 존재가 되어 곧 지도자 중 한 명이 되었고 공습부대들을 지휘했다. 이 반란은 진압될 때까지 6일 동안 지속되었으며 지도자들과 함께 맥브라이드도 체포되었다.

비록 최근 아일랜드의 정치에 관심이 없었던 윌리였지만 이상하게도 이번 반란에 감동을 받았다. 윌리는 당시 로젠슈타인Rothenstein 경과 함께 영국의 글로쎄스터셔 주에 머물고 있었는데 왜 자신은 반란에 대해 모르고 있었는지 궁금해하고 있었다. 피어스, 맥도너와 조셉 메리 플런켓 등의 동료 시인들은 다 연루되어 있었다.

맥브라이드는 감옥에 가 있었으며 윌리는 모드에게 신문을 매일 보냈다. 커널리가 죽었다는 잘못된 기사가 하나 보도되었다.

모드는 숀과 이졸트와 함께 노르망디에 있었는데, 이 소식에 놀라게 된다. 모드의 첫 반응은 아일랜드에 얼른 가야겠다는 생각이었는데, 영국까지 가더라도 여권을 받지 못할 것을 알았다. 일주일 안에 모드는 퀸에게 편지를 보내 남편 존 맥브라이드가 부상당한 피어스와 함께 감옥에 있다고 전했다. 모드의 절친한 친구 마르키에비츠 백작부인도 수감되어 있었다. 커널리가 심하게 부상당하긴 했지만 죽었다는 기사가 잘못되었다는 것을 알고 안심한다.

이번 반란 초기에 연루된 민족주의자들이 몇 명밖에 안 돼 아일랜드 대중들은 참가한 민족주의자들을 그다지 동정하지 않았다. 그러나 총살대에서 16명의 지도자들이 처형당하자 아일랜드 국민들의 마음은 곧 바뀌게 되었다. 존 맥브라이드도 처형당한 사람들 중 한 명이었다. 존이 죽을 때 종부성사를 해준 프란체스코 수도회의 신부인 아우구스틴 신부는 모드에게 편지를 보내 존이 아주 침착하게 '존경할 만한 의연함을 가지고' 진정한 가톨릭 신자처럼 자신의 죽음을 맞이했다고 얘기해주었다.

모드는 반란에 참가한 사람들을 알았고 사랑했었고 그들을 처음부터 영웅이라고 생각했다. 그녀는 반란 지도자들의 처형 소식을 듣고 어안이 벙벙해져 퀸에게 편지로 이 사실을 상세히 얘기했다. 모드는 존이 나라를 위해 목숨을 바쳤으며 아들이 존의 명예로운 이름을 물려받을 것이라고 말했다. 존은 아버 힐에 묻혔다. 모드가 그의 시신을 글레스네빈에 다시 묻으려 했으나 이뤄지지 않았다.

이 당시 아직도 미국에 살고 있던 J. B. 예이츠는 반란에 대해서 듣고 딸 릴리에게 통찰력이 날카로운 편지를 보냈다. "…… 그래서 그 불쌍한 반란군들이 처형을 당했단 말이지. 정부는 논리적이고 통상적으로 해야 할 일을 한 거야…… 그러나 옳지 못한 일을 했구나. 그들은 이제부터 아일랜드 국민들의 기억에 오래 남을 것이고 그대로 두었으면 없어졌을지도 모르는 영국에 대한 반감은 다시 살아날 거야. 그들을 감옥에 살려두었다면 아일랜드 사람들은 그들이 정신이 나간 사람 정도로 알고 그들을 동정하고, 사랑하고 그들을 생각하면 미소를 지었을 거다. 그러나 그 어리석었던 자들은 이제 역사에 남을 애국자이자 순교자가 되어버렸고 사람들은 그들의 어리석은 짓이 나라를 위해, 그리고 아일랜드 사람들의 존엄을 위해 좋은 일을 한 것이라고 생각하게 될 거야."

이 시기에 윌리는 모드에게서 단 한 통의 편지를 받았는데, 그 편지는 폐허가 된 색빌 오코넬가에 대한 환영을 보았다는 내용이었다. 자신이 큰 감동을 받았다고 윌리는 그레고리 부인에게 편지를 보냈다. 문화적 주체성을 확립하기 위해 아일랜드의 옛날 이야기로 다시 돌아가고 있던 윌리는 아일랜드 민족주의를 돕기 위해 애쓰고 있었다. 폭력을 조장하는 모드가 늘 잘못됐다고 생각했던 윌리는 많은 사람들이 폭력을 원하지 않는다고 믿었다. 이 반란이 일어났을 때, 윌리는 자신이 믿고 있던 생각들이 도대체 어떻게 될 것이지 생각하게 되었다. 많은 아일랜드 사람들처럼 윌리도 반란이 일어나자 그의 신념들이 흔들렸고 처형당한 지도자들에게 동정심을 느꼈다. 윌리는 자신의 문학적인 커리어에 정치를 관여시키지 않았으나 이 반란에 대한 시를 써야만 한다는 의무감이 들었다. 그의 머릿속에 스쳐 지나간 구절은 "무시무시한 아름다움이 다시 탄생되었다"였다. 이 구절은 시간이 흐른 후 이렇게 변했다. "모든 것은 변했다, 너무도 변했다, 무시무시한 아름다움이 태어났다……" 윌리는 이 시 「1916년 부활절Easter 1916」 작업에 몰두했으나 1916년 9월이 되어서야 시를 종이에 옮길 수 있었다. 이 시는 즉시 출판되었으나 직접 나누어준 사람들만 읽을 수 있었고 1920년에 되어서야 대중들도 이 시를 접할 수 있었다. 영웅들의 목록에 존 맥브라이드의 이름도 넣었다.

> 우리는 그들의 꿈을 알고 있다;
> 그들이 꿈을 꾸고 죽었다는 것을 우리는 알고 있다.
> 지나친 사랑이 그들을 혼미케 하여
> 결국 그들을 죽음에 이르게 했다면 어떻게 할 것인가?
> 나는 그것을 시로 쓴다-
> 맥도너와 맥브라이드,
> 커널리와 피어스,
> 그들은, 현재와 미래에,
> 푸른 옷이 입혀진 아일랜드의 어디에서나
> 변했다, 너무도 변했다.
> 무서운 아름다움이 태어났다.

We know their dream; enough

To know they dreamed and are dead;
And what if excess of love
Bewildered them till they died?
I write it out in a verse–
MacDonagh and MacBride
And Connolly and Pearse
Now and in time to be,
Wherever green is worn,
Are changed, changed utterly:
A terrible beauty is born.

존의 죽음이 존에 대한 모드와 윌리의 생각을 바꾸어놓았다. 살아 있을 때 그를 피해 다녔던 모드는 나라를 위해 자신의 목숨을 바치는 영광스러운 희생을 한 아일랜드의 영웅들 중 한 명의 미망인이 된 것이 기뻤다. 그러나 윌리는 과거를 그렇게 쉽게 잊지 못했다.

다른 한 사람, 내가 알기에는
주정뱅이요, 허풍쟁이였지.
나의 소중한 사람에게
가장 가슴 쓰라린 잘못을 저질렀지만
그래도 그의 이름을 이 노래에 넣는다;
그 또한 이 일상의 희극 속에서
자신의 역할을 벗어났다.
그 또한 자신의 차례가 되니 변해버렸고,
너무도 딴사람이 되었다.

무서운 아름다움이 태어났다.

This other man I had dreamed
A drunken vainglorious lout.
He had done most bitter wrong
To some who are near to my heart,
Yet I number him in the song;
He, too, has resigned his part
In the casual comedy;
He, too, has been changed in his turn,
Transformed utterly:
A terrible beauty is born…

모드는 숀과 이졸트를 데리고 아일랜드로 돌아가고 싶었으나 계속 여권 발급을 거부당했다. 도움을 요청하기 위해 이졸트를 윌리에게 보냈으나 윌리도 도울 길이 없었다. 이 여정에서 이졸트는 조지 하이드-리스를 만나게 되어 친구 사이가 되었다.

웨스트포트의 말로우 카티지에 살고 있던 아일린의 남편 조셉 맥브라이드는 존의 죽음 이후 고독해졌다. 아일린과는 행복한 결혼생활을 했던 것으로 보이며, 그들은 다섯 명의 자식을 낳았다. 그러나 조셉이 정치에 연루되지 않았음에도 불구하고 체포되어 공판 없이 웨이크필드 감옥으로 이송되자 그들의 평화로운 세계도 깨지게 되었다. 방문은 허락되지 않았으며 그는 독방에 감금되었다. 감옥에서 흘러나온 소식이 모드의 귀에 들어가게 되었다. "그는 동료 죄수들이 차이고 감옥 바닥에서 채찍질 당하며 소리 지르는 것을 들으며 독방에서 몸을 떨면서 누워 있다." 추위와 형편없는 음식 때문에 건강이 악화된 조셉은 다시 집으로 돌아갈 수 있도록 허락받았다. 아일린은 조셉이 다시 건강을 찾을 수 있도록 간호해주었으나 건강을 회복하기도 전에 다시 체포되어 이번에는 뤠딩에 있는 감옥으로 보내졌다. 조셉은 보드릴 도서관에서 일할 수 있도록 허락받았으며 몇 달 후, 글로쎄스터셔 마을로 보내졌고 반경 5마일 범위에 머물라는 명령을 받았다. 아무런 일도, 돈도 제공되지 않아 '아일랜드 죄수들을 돕는 단체'의 도움으로 굶주림은 피할 수 있었다.

조셉에게 아주 큰 힘과 의지가 되었던 아일린에게 어머니 마거릿 윌슨도 큰 걱정이었다. 페테르부르크에 있는 버드버그 남작 가족의 가정교사였던 마거릿은 1917년 러시아에 혁명을 불러일으킨 식량과 물품의 부족에 영향을 받았을 것이다. 버드버그 가족은 더 이상 가정교사가 필요 없게 되자 에스토니아에 있는 그들의 저택으로 마거릿을 보내 그녀를 그 집 관리인으로 두었다.

21

나, 시인 윌리엄 예이츠는,
오래된 두꺼운 판자와 해록색(海綠色)의 석판과,
고르트 대장간의 대장장이 작업으로,
이 탑을 복원했다, 나의 아내 조지를 위해;
모든 것이 다시 폐허가 되었을 때,
이 글만은 남으리.
「발리리 탑의 돌에 새겨진 글」

윌리의 판단이 맞았다면 모드는 종교 때문에 그와 결혼하지 않는 것이었다. 가톨릭교회에 의하면 모드는 존과 1916년까지 결혼한 상태였다. 그러나 이제 그녀는 과부가 되었고 윌리는 모드가 드디어 자기와 결혼할 수 있을 것이라고 생각했다. 1916년 여름 윌리는 모드에게 다시 청혼했으나 모드는 또 거절했다. 모드가 왜 거절했는지에 대해 윌리는 늘 변명거리를 만들었고 1916년 8월 18일 플로렌스 파르에게 보낸 편지에 그는 이렇게 썼다. “모드 남편의 죽음은 우리의 관계에 변화를 가져오지 않았고 그녀는 이제 성 프란시스 제3수도회의 일원이며 수녀가 되기를 동경한다……”

제3수도회의 일원이었을지는 모르지만 모드는 확실히 수녀가 되는 것을 원하지 않았다. 아일랜드로 돌아가 사람들에게 1916년 영웅의 과부로 받아들여지기를 간절히 원했다.

윌리는 모드가 자신과 결혼하리라는 희망을 완전히 잃었다. 노르망디를 방문하던 중 매우 아름답게 자란 이졸트에게 관심을 돌렸다. 모드가 젊었을 때의 모습을 이졸트에게 찾을 수 있었던 윌리는 이졸트에게 두 번이나 청혼했다. 그러나 이졸트는 두 번 다 거절했다.

이제 쉰 살이 넘은 윌리는 스물다섯 살이었던 조지나(조지) 하이드-리스에게 관심을 돌렸다. 그리고 조지나에게 청혼해 조지나의 승낙을 받는다. 매우 매력적이고 돈이 많은 젊은 처녀 조지나는 1917년 10월 20일 런던의 해로우가에 있는 호적 등기소에서 윌리와 결혼했다. 올리비아 셰익스피어의 딸과 결혼했던 시인 에즈라 파운드Ezra Pound가 신랑 들러리였다.

윌리의 딸 앤은 많은 세월이 지난 1989년 1월 26일자 『아이리시 타임스*Irish Times*』의 한 기사에서 얘기했다. “결혼하고 얼마 안 돼 아버지는 상당히 우울해하셨다. 아버지의 머리는 온통 환영의 시작과 종교에 대한 계략으로 꽉 차 있었다. 어머니는 아버지의 관심을 얻기 위해 거짓으로 자동 기술(automatic writing: 글을 쓰고 있다는 것을 의식하지 않고 쓰는 일)로 글을 써야겠다고 생각했다. 어머니는 이렇게 시작을 했지만 무언가가 어머니의 손을 잡았다고 말씀하셨다." 그러면 윌리는 질문을 하기 시작했고 '영혼' 들은 조지의 필기를 통해 답했다.

윌리는 자신의 결혼으로 모드, 이졸트, 조지, 이 세 명을 배신했다고 걱정했다. 그러나 레벤슨에 의하면 조지는 다음과 같이 썼다. "그 여성에 관해서라면, 내심으로는 모든 것이 잘됐어요. 당신의 행동은 서로에게 적절했으나 런던에서 당신은 그 의미를 오해했어요." 윌리는 이졸트가 윌리의 결혼을 기뻐하고 있다는 뜻으로 받아들였고 그는 마음의 평화를 얻게 되었다.

나이 차에도 불구하고 그들은 어울리는 결혼 상대였고 윌리는 그의 젊은 부인을 매우 흡족하게 생각했다. 혼에 의하면 윌리는 아버지에게 편지를 보냈다. "저는 지금 이 편지를 아내에게 읽어주고 있어요. 그녀의 반대에도 불구하고 지금까지 약칭으로 불리던 조지이Goergie라는 이름을 피하기 위해서 그녀를 조지George라고 저는 부릅니다. 조지의 사진도 동봉합니다. 집사람이 성격이 좀 좋지 않게 나온 대신 얼굴은 실물보다 더 잘 나왔다고 말해도 된다고 하는군요. 사진처럼 그렇게 검거나 희지 않고 붉은 갈색 머리를 가졌고요, 혈색도 좋아 초록색 옷을 입거나 귀걸이를 하면 얼굴이 상기되어 보입니다……"

그레고리 부인에게는 이렇게 썼다. "…… 제 아내는 완벽한 아내입니다. 착하고 현명하고 이기적이지 않아요. 부인도 젊었을 때 이

랬을 것이라고 생각합니다. 아내는 제 삶을 평화롭고 규칙적으로 만들었어요." 윌리는 워번 빌딩에서의 변화에 대해서도 묘사했다. "…… 집 구조에는 변화가 없습니다만 여기저기에 잔손이 들었고요, 제 침실(옛 화장실)에는 제가 옛날부터 원했던 윤을 내지 않은 나무로 만든 가구들을 들여놨어요. 그리고 저녁식사를 할 때에도 고기를 먹을 때는 좋은 보라색 접시를 쓰고요, 다른 목적에 사용할 여러 가지 토기 그릇들이 있어요. 그리고 또 있네요. 모든 것이 아주 깨끗해요……"

영국에서의 신혼여행을 마치고 윌리는 조지를 아일랜드로 데리고 왔다. 윌리는 골웨이 주의 발리리Ballylee에 옛 노르만 탑을 하나 샀다. 그 성은 원래 그레고리가의 재산이었으나 밀집 지역 위원회에 넘어가게 되었고 결국 윌리에게 35파운드의 값으로 팔렸다. 그 탑에는 넓은 벽난로와 멀리온식 창문을 가진 네 개의 큰 아파트가 있었다. 윌리와 조지는 이 성을 다시 복구하기로 결심했고 복구 작업이 진행되는 동안 머물러 있으라고 그레고리 부인이 근처에 있는 발리나만테인 저택을 빌려주었다. 복원된 탑에는 아래의 글이 새겨져 있다.

나, 시인 윌리엄 예이츠는,
오래된 두꺼운 판자와 해록색(海綠色)의 석판과,
고르트 대장간의 대장장이 작업으로,
이 탑을 복원했다, 나의 아내 조지를 위해;

모든 것이 다시 폐허가 되었을 때,
이 글만은 남으리.

I, the poet William Yeats
With old mill boards and sea-green slates
And smithy work from the Gort forge,
Restored this tower for my wife George;
And may these characters remain
When all is ruin once again.

조지의 딸 앤은 1989년 텔레비전 인터뷰에서 아버지와 아버지의 일에 관해서는 많이 알아도 어머니의 관심에 대해서는 아무것도 모른다고 했다. 조지가 그녀의 인생 전부를 윌리와 윌리의 일에 중심을 두고 살았다고 앤은 말했다. 조지는 윌리를 격려하고 윌리의 작품을 읽어주고 이상한 철자들을 고쳐주고 윌리가 일할 때 아무도 방해하지 못하도록 했다. 조지는 윌리에게 정말로 완벽한 아내였다. 윌리가 세상의 갈채를 받기 전에도 조지는 윌리의 작품들을 높이 평가하고 그 진가를 알았다. 그리고 윌리가 요청하면 자동 기술로 윌리가 그의 영혼의 세계와 접촉하게 해주었다. 그 어떤 여성도 조지만큼 윌리에게 많은 평화와 행복을 주지 못했을 것이다. 모드는 절대 못 했을 것이다. 릴리 예이츠는 모드와 그레고리 부인이 윌리와 조지의 결혼에 기뻐한다고 느꼈다. 하지만 아서 시몬스는 퀸에게 모드는 조지가 윌리의 노예가 되거나 그를 떠날 것이라고 생각한다고 썼다.

22

한 회색 갈매기가 두려움 없이 날아와
그녀의 독방으로 뛰어내려……
「한 정치 수감자에 대하여」

놀랍게도 이졸트와 조지는 좋은 친구 사이가 되었으며 이졸트는 윌리 부부가 결혼하고 맞는 첫 크리스마스에 그들의 집으로 놀러갔다. 이졸트와 조지는 나이도 비슷했고 관심사도 비슷했다. 불가사의한 현상에 늘 관심이 많았던 윌리는 크리스마스가 끝나고 14세기 킬케니에서 마녀로 몰려 처형당한 앨리스 키틀러Alice Kyteler 부인에 대해서 읽게 된다. 윌리는 「천구백십구Nineteen Hundred and Nineteen」에서 그녀를 언급했다.

사랑에 번민하는 키틀러 부인,
청동빛 공작 깃털과 수탉의 빨간 볏을 누구에게 가지고 왔는지.

To whom the love-lorn Lady Kyteler brought
Bronzed peacock feathers, red combs of her cocks.

윌리가 그녀를 '사랑에 번민하는' 여자라고 부른 것은 잘못된 것이었다. 앨리스는 무려 네 명의 남편을 가졌다! 킬케니 지방과의 연결고리를 찾은 윌리는 그 도시에서 오르먼드의 백작과 공작이었던 자신의 버틀러 가문 조상들에 대한 관심을 일으켰다. (던보인 경은 윌리가 역사가보다는 시인으로서 더 소질이 있었다고 생각했다. 던보인 경이 나에게 보낸 편지에 이렇게 말했다. "윌리는 보인전투에서 싸운 버틀러가의 조상들에 대해 아주 멋있는 시를 썼다. 하지만 그 시의 초본에 그의 조상들이 반대편에서 싸우고 있다는 것을 누가 지적하자 그 시를 완전히 바꿔야 했다.")

윌리는 조지에게 자동 기술로 자신의 조상들과 접촉하게 해달라고 부탁했고 1918년 2월 23일 조지는 오소리 백작부인인 앤 하이드로부터 메시지를 받았다. (오소리는 킬케니 지역의 옛 이름이었으며 앤은 1682년 제임스 버틀러와 결혼했다.) 오소리 백작부인은 '자신의 사랑과 축복'을 예이츠와 그의 부인에게 전해주러 왔다고 했다. 이틀 후, 조지는 오소리 백작부인 꿈을 꾸었고 백작부인의 아이는 3일밖에 살지 못했으며 아이가 죽자 오소리 부인도 곧 따라서 세상을 떠났다고 했다. 조지는 즉시 임신을 하지는 않았으나 환생을 생각하며 윌리는 기뻐했다.

같은 달인 1918년 2월 여권 발급을 기다리다 지친 모드는 변장을 하고 아일랜드에 몰래 들어갔다. 처음에는 당국에서 이 사실을 몰라 모드는 그들의 간섭을 받지 않고 스테판 그린 73번지에 있는 집을 임대했다. 여러 해 동안 모드는 처녀 때의 이름으로 지냈으나 이제는 아들 숀이 자신의 아버지가 아일랜드를 위해 목숨을 바쳤다는 것을 알게 하고 싶어 이름을 모드 곤 맥브라이드로 다시 개명했다. 그레고리 부인의 아들 로버트는 이탈리아에서 전투 중 비행기가 총에 맞아 추락해서 사망하게 된다. 모드는 그레고리 부인을 위로하기 위하여 골웨이로 갔다. 더블린으로 돌아오기 전 골웨이에서 머무는 동안 모드는 윌리와 조지를 불러서 만났다.

4월에 영국 수상이었던 로이드 조지Lloyd George가 아일랜드에서도 징병이 가능하도록 하는 법안을 통과시켰다. 이 법안은 아일랜드에서 받아들여지지 않았고 200만 명의 시민들이 이 정책을 반대하는 선언문에 서명했으며 하루 동안 총파업이 일어났다.

아일랜드의 최고 서기장인 헨리 듀크Henry Duke는 로이드 조지에게 알려진 모든 민족주의 지도자들을 체포할 것을 촉구했다. 거짓으로 꾸민 이유는 그들이 독일 정부와 공모하고 있다는 것이었다. 1918년 5월 17일 73명이 체포되었다. 의회의 일원이었던 조셉 킹Joseph King과 함께 AE의 집을 나오면서 모드도 체포되었다. 열네 살의 아들 숀은 모드를 붙잡아간 죄수 호송차를 쫓아갔다.

같은 날 밤에 조셉 맥브라이드도 체포되었으며, 이번이 세 번째로 공판 없이 수송되어 수감되었다. 조셉 맥브라이드는 아서 그리피스와 함께 있었으며 두 달 후 글로쎄스터셔 감옥에서 그리피스는 조셉에 대해서 썼다. “여기 있는 수감자들 중에 조셉이 나이가 가장 많으며, 감금생활이 눈에 띄게 그에게 영향을 미치고 있다.”

모드는 처음에 브라이드웰로 보내졌으며 다시 아버 힐 군사 감옥에 첫 여성 수감자로 보내졌다. 결국은 영국에 있는 할로웨이 감옥에 감금되었다.

붙잡혀가는 모드를 본 숀과 그런 모습을 보여준 모드 모두 괴로워했다. 감옥에서 수표를 쓰거나 돈을 부칠 수 있도록 허락되지 않아 모드는 숀이 어떻게 지내고 있었는지 전혀 알 수 없었다. 그러나 사실 숀은 웩스퍼드 주에 있는 마운트 베네딕트 학교로 보내졌고 방학 때는 윌리, 조지와 함께 골웨이에서 보냈다. 윌리와 조지는 숀을 사랑하게 된다. 숀은 이미 마르키에비츠 백작부인이 설립했던 피에나 에런단의 일원이 되어 있었다.

마르키에비츠 백작부인과 민족주의자 톰 클라크의 미망인 캐슬린 클라크는 감옥에서 모드의 친구였다. 특권으로 모드는 카나리아를 키울 수 있었으며 마르키에비츠와 모드는 각자 화분도 키웠다. 매일 밤마다 12시간 동안 불 없이 지내야 하고 마당에서 하루에 1시간 동안만 운동할 수 있었으므로 새와 화분은 작은 위안이었다. 마르키에비츠 백작부인의 식사는 감옥 밖에서 배달되었으나 모드와 캐슬린은 교도소 음식에 의지했다. 교도소 음식은 모드에게 잘 안 맞았으며 이 세 명은 곧 병동으로 보내졌다.

그들이 병원에 있는 동안 마침내 그들에게 온 편지가 배달되었다. 모드는 1918년 3월 25일 루시앙이 폐출혈로 죽었다는 것을 알게 되었다. 루시앙의 아들은 루시앙보다 1년 먼저 전쟁에서 죽었다. 루시앙은 모드가 권유한 『라 파트리』 편집자의 자리를 죽을 때까지 계속 유지했다. 67세로 루시앙은 프랑스군 항공위원회의 의장과 파리의 제16구의 국회의원으로 있었다. 모드가 그와 헤어진 지 18년이 되어 갔지만 루시앙은 모드의 유일한 사랑이었다. 낸시 카도조에 의하면 캐슬린 클라크가 다음과 같이 말했다고 한다. "모드는 오로지 카나리아에게만 얘기했다…… 암컷 호랑이가 이리저리 배회하는 것처럼 그녀는 마치 우리 안의 짐승과 같았다. 석방을 받을 수 있도록 센키이 위원회에 지원할 수 있는 기회가 우리에게 주어졌다. 괴로움에 사로잡혀 있던 모드도 지원하겠다고 했다. 전쟁 중에 아일랜드에 없었다는 것을 지적하겠다고 했다. 백작부인이 '그렇게 말해버리면, 다시는 아일랜드로 돌아올 필요가 없어' 라고 말하자, 모드는 지원서를 찢어버렸다."

이제 그녀의 유일한 위로는 새장 속에 갇힌 새였다! 백작부인도 갈매기 한 마리를 길들였다. 윌리는 「한 정치 수감자에 대하여On a Political Prisoner」라는 시에서 이 갈매기에 대해 썼다. 이상하게도 그 시는 모드가 아닌 백작부인에 관한 내용이었다.

한 회색 갈매기가 두려움 없이 날아와
그녀의 독방으로 뛰어내려.

그녀의 손길을 견뎌내며,
그녀의 손가락에서 먹이를 먹었다.

쓸쓸한 날개를 만지면서
그녀는 지난날을 머릿속에 돌이켜봤을까?
아프고 추상적으로 변한
그녀의 생각은 대중적인 증오……

A grey gull lost its fear and flew
Down to her cell and there alit,
And there endured her fingers' touch
And from her fingers ate its bit.

Did she in touching that lone wing
Recall the years before her mind
Became a bitter, an abstract thing,
Her thought some popular enmity…

10월에 모드는 그녀의 여동생 캐슬린이 다보스에 있는 결핵 요양소에서 죽었다는 소식을 듣게 된다. 모드는 더 이상 버틸 수가 없었다.

의사를 불러야 할 정도로 모드의 건강은 급격히 악화되었다. 10월 21일 킹즈 칼리지 병원의 터니클리프 박사가 모드에게 야외 공기 치료가 긴급히 필요하다고 기록했다.

이 소식을 들은 이졸트는 스테판 그린에 있는 모드의 집에 머물고 있던 윌리에게 연락했다. 조지가 첫 아이의 출산을 기다리고 있었기 때문에 윌리는 모드의 집에 머물러 있었던 것이었다. 이졸트의 연락을 받고 윌리는 필요한 연락을 취했고, 모드는 영국의 요양소에 머물러 있겠다는 조건으로 석방되었다. 불과 5일이 지나서 모드는 치료를 받고 있던 요양소에서 퇴원을 해 이졸트와 함께 지내기 위해 워번 빌딩에 있는 윌리의 아파트로 갔다.

1918년 11월 11일, 휴전조약이 서명되었다. 얼스터 지방에 폭력적인 강압을 가져올 수 있는 합의에 동의할 수 없었기 때문에 로이드 조지는 아일랜드의 자치 법률을 실행하기를 거부했다.

11월 말이 되자 아일랜드 사람들에게 요구했던 여권 조건은 철폐되었다. 영토결의법 아래 모드의 억류형은 풀리지 않았지만 모드는 적십자 간호사로 위장하여 11월 23일 더블린으로 왔다. 모드가 스테판 그린에 있는 자신의 집에 도착하자 윌리는 모드를 들어오지 못하게 했다. 조지가 임신 7개월의 상태였고 폐렴에서 회복하고 있었기 때문이었다. 윌리는 경찰 단속이 들이닥치고 그것이 조지에게 좋지 않은 영향을 미칠까봐 겁을 냈다. 모드는 윌리가 자기에게 그렇게 행동하는 것을 믿을 수 없었다. 모드는 윌리를 애국심도 없는 겁쟁이라고 부르고 위크로에 있는 친구 집으로 갔다. 윌리가 모드를 최우선으로 생각하지 않은 것은 이번이 처음이었다.

23

이 아이에게 아름다움을 주소서, 그러나
이방인의 눈을 곤혹스럽게 하거나……
「나의 딸을 위한 기도」

조지가 임신하고 있던 아이는 윌리에게 매우 소중했다. 윌리는 늘 조상에 대해서 자랑스러워했는데 그중에서도 특히 버틀러가에 대한 자부심이 컸다. 조상들 중 한 명을 환생시키는 것이 윌리에게 가장 중요한 일이었다. 앤, 즉 오소리 백작부인이 그들과 접촉한 지 거의 열두 달이 지난 2월 24일, 조지는 딸을 출산했다. 조지는 백작부인의 이름을 따서 딸에게 앤이라는 세례명을 지어주었다. 윌리도 매우 기뻐하며 딸이 태어나자마자 딸을 위한 시를 썼다. 그러나 한편으로는 모드를 잊지 못했다.

이 아이에게 아름다움을 주소서, 그러나
낯모르는 이의 눈을 곤혹스럽게 하거나
거울 앞에 선 자신의 눈을 어지럽게 만드는 아름다움은 아니기를,
지나친 아름다움은
그 아름다움만으로도 흘러 넘쳐
타고난 친절과 어쩌면
옳은 것을 택하는 흉금을 털어놓는 친밀함도 잃어
한 명의 친구조차 찾지 못하리라……

May she be granted beauty and yet not
Beauty to make a stranger's eye distraught,
Or hers before a looking glass, for such,
Being made beautiful overmuch,
Consider beauty a sufficient end,
Lose natural kindness and maybe
The heart-revealing intimacy
That chooses right, and never find a friend…

네 달 후인 1919년 6월 19일, 오소리 백작부인이 윌리와 조지에게 다시 나타나 자신의 전기를 윌리가 써주는 것이 어떻겠냐고 제안했다. 그 다음달, 윌리는 조지와 함께 그 지역의 정보를 얻기 위해 킬케니를 방문했다. 킬케니 성을 방문한 그들은 성의 크기에 깊은 감명을 받았다. 부부는 많은 버틀러가 사람들이 묻혀 있던 근처의 성 카니스 성당으로 갔다. 그러나 오소리 백작부인의 무덤이나 그녀에

대한 어떠한 정보도 찾아내지 못했다.

윌리와 조지는 발견하지 못했으나, 발견했다면 그들의 관심을 분명히 끌었을 것이 있었다. 그것은 킬케니 성 안에 버틀러 가족 생애의 중요한 사건들을 묘사해놓은 장면들이 새겨진 흰색 대리석의 벽난로였다. 세 번째 장식 판자에는 오르먼드 백작 3세의 둘째 아들의 대부가 되어주기 위해 성을 방문하는 리처드 2세의 모습을 보여준다. 벽난로 위에 새겨진 아이는 군주를 따라 리처드라고 이름이 지어졌으며 1425년 헨리 6세로부터 기사 작위를 받았다. 윌리 예이츠는 벽난로 위에 있던 그 아이의 직계 후손이었다.

던보인 경이 들려준 앤 — 옛날 성(姓)은 하이드, 오소리 백작부인 — 에 관한 이야기는 조지에게 접촉한 영혼이 들려준 정보와 들어맞았다. 앤은 벌링턴 백작 1세였던 리처드의 딸인 헨리에타와 결혼한 로체스터 백작 1세였던 로렌스의 딸이었다. 1682년 7월 20일 런던의 벌링턴 저택에서 살았던 오소리 백작 존 버틀러와 앤의 결혼 후에 관한 카터의 기록에 의하면, 롱퍼드 경이 에란 백작에게 다음의 편지를 썼다고 한다. "젊은 신부는 내가 여태껏 본 여성들 중에 가장 예쁘며 좋은 유머 감각을 가지고 있다오. 그리고 무엇보다 백작과 그녀는 더 이상 바랄 수 없을 만큼 서로를 아주 좋아하오." 앤은 엘리자베스 버틀러 부인의 어머니였으며 어릴 때 죽은 메리 버틀러의 어머니였을 가능성이 있다. 앤은 정말로 1685년 1월 25일 아이를 유산하고 세상을 떠났다. 앤은 윌리와 조지가 찾아보았던 킬케니가 아니라 더블린의 크라이스트 교회에 묻혔다. 앤이 죽고 난 후 그녀의 남편은 1688년 7월 21일 오르먼드 공작 2세가 되었다.

아일랜드에서 일어나고 있던 전쟁을 피하기 위해 윌리, 조지와 앤은 1919년 10월 영국의 옥스퍼드에 있는 브로드 4번가로 이사를 갔다. 윌리는 그레고리 부인에게 편지를 보냈다. "여기는 모든 것이 평화로워요. 잔디 위에 초록색 앵무새도 있고 앤은 휘청거리면서도 여기저기 휘젓고 다니면서 사고를 칩니다. 이것들은 평화의 느낌을 더 증대시키죠. 이 세상에 평화라는 것이 다시 존재할 수 있다면, 바로 여기에서일 것입니다."

윌리가 순회강연을 하기 위해 조지와 함께 미국으로 갔을 때 윌리의 여동생들이 앤을 돌봐주었다. 윌리가 미국에 가 있었을 당시에 아일랜드 새 정부의 대통령 에먼 데 발레라Eamonn de Valera도 미국에 가 있었다. 데 발레라는 아일랜드의 독립을 지지해줄 사람들을 찾고 있었다. 윌리의 친구 퀸은 1920년 5월 11일 데 발레라가 연설하는 것을 들려주기 위해 윌리를 뉴욕으로 데려왔다. 윌리는 데 발레라에 대해 이렇게 묘사했다. "살아 있는 사람이라기보다 그는 살아 있는 논쟁거리다. 인생이 없으며 오직 선전만을 가지고 있다. 그러나 냉소적이고 히스테리를 보이거나 부당한 면은 그에게서 찾을 수 없다……" 그러나 몇 년 후 윌리가 데 발레라를 직접 만났을 때, 그의 연설에서 찾을 수 없었던 어떤 매력을 그에게서 발견하게 된다.

24

아, 그러나 결국에 다가오는 평화는
시간이 그녀의 모습에 닿았을 때에 온다.
「평화」

남편으로서 아버지로서 새로운 역할을 즐기고 있던 윌리는 한편 모드와 연락을 끊지 않았으며 아일랜드의 소식도 계속 듣고 있었다.

쉰 페인당은 아일랜드 공화국이 영국과는 아무런 관계를 가지지 않겠다는 정책을 내세우고 1918년 선거에 나서서 승리하게 된다. 아일랜드의 새 국회의원인 돌 에런Dáil Éireann은 새 정부의 첫 대통령 에먼 데 발레라를 1919년 1월 21일에 만났다. 모드의 친구 아서 그리피스는 그의 친구 마이클 콜린스와 함께 내각으로 임명되었다. 마르키에비츠 백작부인은 서유럽에서 사상 첫 여성으로 내각의 자리를 제안받아 노동부 장관으로 임명되었다. 아일랜드 밖에 너무 오래 나가 있었던 모드는 포함 대상이 아니었으나 그녀의 시숙 조셉은 내각에 임명되었다. 오랜 수감생활로 머리가 하얗게 센 조셉은 옛 페니어 회원의 전통을 대표하게 되었다. 명단이 불리자 많은 이름들이 국민들로부터 '외국의 적에게 수감되었던 사람'이라는 반응을 가져왔다. 이런 국민들의 반응은 모드를 기쁘게 했을 것이다.

모드는 노르망디에 있는 '레 무에트' 집을 팔고 그 돈으로 위크로주의 글렌 말루어에 시골집을 하나 샀다. 마침내 모드는 아이들과 함께 자기가 존경하는 정부 아래 아일랜드에 살았다. 윌리는 「평화 Peace」에서 이렇게 썼다.

아, 호메로스 시대의 영웅의 보상이
길러낸 것이 어떤 것인가를 보여줄 수 있는
한 형체에 시간이 닿을 수 있다면.
'그녀는 삶을 폭풍같이 살으매
화가들은 그토록 숭고한 모습을
하나의 형상으로 그리려 하지
않았던가?' 라고 나는 말했다,
'그처럼 섬세하고 고고한 머리,
매력 속에 그토록 단호함
강인함 속에 모든 달콤함을?'
아, 그러나 결국에 다가오는 평화는
시간이 그녀의 모습에 닿았을 때에 온다.

Ah, that Time could touch a form
That could show what Homer's age
Bred to be a hero's wage.
'Were not all her life but storm,
Would not painters paint a form
Of such noble lines,' I said,
'Such a delicate high head,
All that sternness amid charm,
All that sweetness amid strength?
Ah, but peace that comes at length,
Come when Time had touched her form.

모드와 이졸트는 AE의 집에서 일요일마다 개최되는 예술가들과 작가들의 저녁 모임에 자주 참석했다. 1918-19년 겨울에 이 저녁 모임에 참석하게 된 방문자가 한 명 있었는데, 그는 안트림에서 온 시인을 꿈꾸는 17세의 작가 프랜시스 스튜어트Francis Stuart였다. 프랜시스는 윌리의 작품에 대한 대단한 찬양자였는데, 모드와 이졸트가 윌리를 언급할 때마다 '불쌍한 윌리'로 부르는 것을 듣고 놀랐다. 프랜시스는 위크로에 있는 그들의 시골집에 초대를 받았고, 그는 이졸트와 사랑에 빠졌다. 프랜시스는 이졸트보다 여덟 살이나 어리고 서로 다른 종교를 믿었기 때문에 양가 가족들이 그들의 결혼을 허락하지 않을 것이라고 생각했다. 1920년 1월 프랜시스와 이졸트는 런던의 토튼햄 코트가에 있는 아파트에서 동거생활을 시작했다. 모드 자신이 젊었을 때는 이러한 관계에 대해 별로 신경 쓰지 않았으나 딸에게는 그렇지 않았다. 둘이 같이 더블린으로 다시 올라올 것을 당부했다. 프랜시스는 가톨릭으로 개종한 후 1920년 4월에 이졸트와 결혼했으며 이들은 모드와 함께 살았다.

그해 말, 윌리는 편도선염을 앓아 그의 친구 올리버 고거티 박사를 찾아가 편도선을 제거했다. 모드는 윌리를 위크로로 초대했으며 윌리는 아일랜드와 모드에게 바치는 시를 썼다. "말로 표현할 수 없을 만큼 나는 당신을 내 영혼보다도 더 사랑했습니다……"

이 시기에 이졸트는 임신 중이었고 1921년 1월 프랜시스는 그의 가족이 이졸트에게 결혼선물로 준 보석을 팔러 런던으로 갔다. 보석을 팔아 받은 돈은 집으로 보냈으나 그는 런던에 계속 머물렀다. 돌로레스라는 딸이 3월에 태어났으나 이 아이는 7월에 죽었다. 프랜시스도 모드와 같이 공화당 정치에 관심이 있었으나 집에 있는 모드의 존재가 집으로 돌아가고 싶지 않은 이유 중 하나였다. 모드는 프랜시스와 이졸트를 유럽으로 보내는 것보다 같이 데리고 가는 것이 좋겠다고 생각했으나 사정이 여의치 않자 모드는 윌리에게 도움을 요청했다. 윌리도 도움을 주는 데 한계가 있었다.

모드는 윌리를 잠시도 가만두지 않았다. 아버 힐 군대 감옥에 있는 남편을 방문하게 해달라고 데스먼드 피츠제럴드 부인이라는 사람이 찾아오자 모드는 해당 당국이 아닌 윌리에게 도움을 요청했다. 윌리는 모드와 피츠제럴드 부인을 선뜻 도와주었다.

7월이 되자 윌리는 다시 옥스퍼드에 돌아가 있었으며 그레고리 부인에게 편지를 썼다. "많은 여정을 마치고 이 집으로 다시 오니 대단히 기쁩니다. 우리와 관계없는 많은 일들 때문에 지친 우리의 눈에 이 집은 매우 엄숙하고 위엄 있게 보입니다……"

1921년 8월 조지와 윌리는 마이클이라는 아들을 낳았다. A. 노먼 제파스가 쓴 기록에 의하면, 10월에 윌리는 조지에게 혹시 마이클도 환생해서 태어난 것이 아닌지 백작부인과 접촉해서 물어봐달라고 부탁했으나 확인을 받지 못했다.

윌리는 그의 자식들에 대해 「나의 자손들My Descendants」에 이렇게 썼다.

나의 조상들로부터 격정적인 마음을 물려받아,
나는 꿈들을 키워야 하고
먼 훗날 한 여자와 한 남자에게도
그 격정적인 마음을 남겨놓고 가야하리……

Having inherited a vigorous mind
From my old fathers, I must nourish dreams
And leave a woman and a man behind
As vigorous of mind…

1989년 1월 23일자의 『아이리시 타임스』에 실린 한 기사에 의하면, 그의 인생에 아주 큰 영향을 미친 윌리의 '나이든 아버지'는 손자들의 소식을 듣고 매우 기뻐했다고 한다. 윌리의 아버지는 그의 인생의 마지막 11년을 존 퀸이 의뢰한 자화상을 그리면서 행복하게 보냈다. 1922년 J. B.는 뉴욕에서 세상을 떠났으며 현재 애드론덱스에 있는 교외 묘지에 묻혀 있다.

로이드 조지 정부는 아일랜드의 질서를 바로잡기 위해 정치에 많은 군인 출신들을 데려왔다. '블랙과 탠스Black and Tans' 라고 불린 이들은 사람들의 목숨을 위협하고 재산을 뺏어감으로써 대혼란을 불러왔다. 모드는 피해자들을 도울 수 있는 백십자White Cross를 세우는 데 협력했다. 아들 숀은 열여섯의 나이에 아일랜드 공화군의 한 부대의 활동적인 지도자가 되었으며 모드의 집은 경찰에 쫓기는 사람들의 피난처가 되었다. 이 당시 모드의 가정부는 캐슬린 키어니Kathleen Kearney였으며 나중에 극작가가 된 브렌단 비한Brendan Behan의 어머니이다.

1921년 12월 영국과 아일랜드는 조약을 맺었다. 이 조약은 아일랜드에게 주권을 주었고 북아일랜드에게는 이 새로운 정권에서 탈퇴할 수 있는 선택권을 주었다. 그러나 왕권에 대한 충성을 맹세해야 한다는 조건이 붙어 있었다. 교섭단과 함께 영국을 방문하지 않았던 데 발레라는 왕에 대한 충성을 맹세해야 한다는 조건을 받아들이지 않았고 대통령직을 사임했다.

이 조약의 교섭 과정에서 젊은 숀 맥브라이드는 영국과 아일랜드를 오가며 전달자로 큰 역할을 했다. 조약을 지지했던 아일랜드 자유주의자들과 반대하던 공화당 사람들 사이에 불화가 생기기 시작했다.

1974년 2월 3일자 『선데이 인디펜던트』에 보낸 편지에 숀 맥브라이드는 말했다. "어머니는 이 조약을 받아들이는 것에 찬성하셨습니다. 당연히 어머니는 이 조약이 아일랜드의 자치에 큰 발전이라고 보셨고, 이 조약이 아일랜드의 완전한 독립의 '디딤돌'이라고 하셨습니다. 그러나 어머니는 아일랜드 법원Four Courts이 공격을 당하자 입장을 바꾸셨고 지금은 임시 정부를 완강히 반대하십니다."

"저는 이 조약이 용납할 수 없는 타협이라는 이유에서, 그리고 조금만 더 버틴다면 아일랜드는 완전한 독립과 통일을 이룰 수 있을 것이라는 생각 때문에 이 조약을 받아들이는 것에 반대했습니다."

숀은 내전이 시작될 때 아일랜드 법원 안에 있었는데, 이것이 모드가 서둘러 입장을 바꾼 이유일지도 모른다. 숀과 마찬가지로 프랜시스 스튜어트는 모드가 지지하기 전에 공화당을 지지했었다.

공화군 사람들에게 장소를 제공해주었기 때문에 모드의 온 집은 샅샅이 수색을 당했다. 군인들은 모드의 사적인 문서, 공책, 사진, 그리고 윌리가 보낸 편지들이 포함된 편지들을 산더미처럼 쌓아놓고 모드의 집 밖 길 한가운데에서 그것들을 모두 태워버렸다. 여기서 흥미로운 것은 그녀가 아꼈던 루시앙의 사진들은 태워지지 않았다는 것이다.

영국은 아일랜드 자유국 정책에 관한 헌법을 승인했고 상원의 구성에 관한 특별 조항이 만들어졌다. 아일랜드를 대표할 30명이 지명되었고 하원(Dáil, 아일랜드 공화국의 하원)에서 30명을 지명했다.

1922년 12월 런던에 가 있는 동안 윌리도 아일랜드 자유국의 상원의원으로 지명되었다. 조셉 혼에 의하면 윌리의 친구 올리버 고거

티가 윌리의 집으로 전화했고 그의 편지함에 상원의원 W. B. 예이츠라고 표기했다. 고거티는 다음날 조지에게 전화해 윌리가 상원으로 지명된 것은 애비 극장을 위해 일했기 때문이 아니라 IRB의 회원이기 때문이라고 말했다. 조지는 이 말을 듣고 몹시 놀란다. 윌리가 IRB와 연관이 되어 있었다는 것을 처음 들었기 때문이었다.

윌리는 명예로운 상원의 자리를 받아들였고 그의 임무를 진지하게 수행했다. 그는 게일어, 게일인의 민속, 고대 시를 장려하는 위원회의 의장이었으며 아일랜드 동전에 새길 동물 디자인을 선택하는데 참여했다. 또한 윌리는 매년 세금 공제된 360파운드의 연봉도 즐겼다.

모드는 윌리에게 넌더리가 나 있었는데, 그것은 다음의 이유 때문이라고 했다. "윌리는 대영제국의 오염 속에서 아일랜드의 독립을 위해 싸우고 있는 젊은 공화군들을 독려할 수 없도록 만든 법안에 투표한 자유국의 상원이 되었다."

윌리는 상원의원이 된 것을 즐겼으며 옷도 그에 맞게 잘 차려입었다. 아일랜드에 이혼 제도를 도입하는 것을 금지하자는 법안이 소개될 때까지 윌리는 상원을 계속 맡았다. 윌리는 가톨릭교 신자가 아닌 소수의 사람들을 위한 권리라면서 이혼에 찬성하는 열렬한 연설을 했다. 그러나 그의 의견은 묵살되었고 윌리는 1928년 재선에 나서지 않았다.

윌리가 상원의원일 때 모드는 정부와의 일로 곤경에 빠졌으나 윌리에게 도움을 청하려고 하지 않았다. 대신 이졸트가 도움을 청했고 윌리는 당시 대통령이던 코즈그레이브Cosgrave에게 청원했다. 킬메이넘 감옥에 수감되었던 모드는 단식 투쟁을 하고 있었다. 윌리는 마르키에비츠 백작부인은 감옥에 계속 있어도 해가 안 되겠지만 모드는 허약했기 때문에 감옥에서 내보내야 한다고 간청했다. 코즈그레이브는 여성, 의사, 그리고 성직자들이 해야 할 일은 병자들을 돌보는 것이기 때문에 정치에는 간섭하지 말아야 한다고 비판했다. 하지만 모드는 풀려났다.

그의 어머니처럼 숀도 그의 정치적인 신념들 때문에 자주 수감됐다. 이졸트는 예이츠 가족과 꾸준히 연락했으나 모드는 (윌리가 상원의원이 되었다는 이유로) 윌리를 10년 동안 피했다. 모드는 윌리와의 우정을 몹시 그리워했으나 그 허전함을 프렌치 경의 누이 샬롯테 데스파드Charlotte Despard와의 우의로 조금이나마 달랬다. 새로 만들어진 여성 수감자 변호연맹에 샬롯테가 회장, 모뜨가 비서를 맡으면서 둘은 그 이후 떼어놓을 수 없는 사이가 되었다. 1922년 모드와 샬롯테는 클론스키에 있는 로버크 저택을 같이 샀다. 그들은 이 집에서 일자리를 만들고 넓은 정원을 만들 목적이었다. 잼을 만드는 회사가 그들이 시작한 첫 사업이었다.

그해에 그레고리 부인은 윌리에게 아일랜드 자유국과 공화당의 차이에 관한 연설을 해달라고 했으나 윌리는 "증오의 소용돌이를 만든 것에 양측 모두에게 책임이 있다고 생각합니다"라는 말을 남기고 거절했다.

윌리에게 계속 명예가 뒤따랐다. 1922년 7월, 벨파스트 대학교에서 그에게 명예학위를 수여했으며 얼마 후 12월에 더블린 대학교에서는 서류로 그에게 박사학위를 수여했다. 제파스에 의하면 1923년 어느 날 『아이리시 타임스』의 편집자가 윌리에게 전화하여 문학 부문에서 노벨상을 받게 되었다고 얘기했다. 이 소식을 들은 윌리의 첫 질문은 상으로 돈을 얼마 받게 되냐는 것이었다. 그 당시에 거대한 액수였던 7,500파운드의 상금은 윌리에게 새로운 재정 상태를 만들어주었다. 이 소식에 매우 기뻐한 윌리와 조지는 집에 와인을 찾을 수 없어 대신 소시지를 구워먹으며 이 경사를 축하했다. 그 다음날 저녁, 윌리는 셸본 호텔에서 만찬회를 열었으며 제임스 조이스로부터 축하의 전보를 받고 매우 기뻐했다.

상장과 메달은 12월 10일, 스웨덴 아카데미홀에서 헌정되었다. 윌리는 아카데미에서 아일랜드의 연극에 대해 얘기했으며 그레고리 부인과 J. M. 싱에게 경의를 표했다. 훗날에 윌리는 왕실이 "조신과 같은 예의를 갖추고 있어서 앞서 받은 어떠한 노벨상 수상자보다도 (윌리를) 더 좋아한다"라는 말을 윌리에 대해 했다는 이야기를 듣고 매우 기뻐했다.

25

희미한 추억, 추억만 남았을 뿐,
그러나 무덤 안에서는 모두, 모두가 되살아나……
「깨어진 꿈」

예이츠의 가족도 끔찍한 내전에 연루되는 것을 피할 수 없었다. 양편에서 발릴리에 있던 그들을 방문했다. 공화군은 탑으로 들어가는 다리를 폭파시키러 왔다. 윌리는 아이들을 안전한 곳에 대피시켜도 되겠냐고 물었다. 공화군이 이를 허락하지 않자 윌리와 가족들은 위쪽에 있는 방에 대피했다.

모드가 윌리를 피해 지냈던 세월 동안, 윌리는 '대중 앞에서 미소를 지어주는 남자'로, 그리고 남편이자 아버지로서 인생을 즐겼다. 가끔 있었던 윌리의 불륜을 조지는 못 본 체했다.

존 퀸에게 보낸 편지들에서 윌리는 자신의 집을 묘사했다. "14세기 그림에 나오는 듯한 그런 집을 조지는 매 순간 꾸미면서 만들고 있는데, 이런 집에서 산다는 것은 매우 즐거운 일입니다. 문을 열고 밖으로 나가면 산사나무에 꽃이 강기슭을 따라 만발해 있고 모든 것이 너무 아름다워 다른 곳으로 간다는 것은 아름다움을 버리고 떠나는 것입니다."

아이들에 대해서는 이렇게 적었다. "…… 당신의 대자(代子)는 여덟 개의 이빨뿐이며 오로지 신학 공부만이 앤에게 고통을 줍니다. 앤이 주기도문을 외울 때 뜻밖의 말을 불쑥 끼워넣는답니다. 예를 들어 '하늘에 계시지 않는 아버지여. 서재에 계신 아버지여.'"

1931-32년 겨울에 그레고리 부인의 건강이 급속히 나빠졌다. 윌리는 쿨에 그레고리 부인을 정기적으로 방문했으며 아일랜드 생활의 지적 수준과 시 수준을 향상시키기 위해 '문학 아카데미Academy of Letter'를 설립하는 것에 대해 AE와 논의했다.

1932년 2월 데 발레라를 우두머리로 내세우면서 아일랜드 공화당이 권력을 쥐게 되었다. 영국 왕실에 충성을 맹세하자는 의결 사항을 폐지할 수 있는 권한을 가지고 있었다. 윌리는 이것에 관해서는 아무런 이의가 없었으나 그들이 사원에 검열 제도를 도입할 것이라고 암시하자 데 발레라와 얘기할 기회를 만들었다. 윌리는 친구에게 다음과 같은 편지를 썼다. "비록 우리의 의견은 내내 달랐지만 나는 그의 소박함과 정직함에 깊은 인상을 받았어. 그와의 만남은 아주 흥미로운 경험이었어. 우리는 서로의 견해를 완전히 이해했어.

나는 의심을 잔뜩 품고 그를 만나러 갔는데, 나의 의심들은 한순간에 없어졌어……"

1932년 9월 18일 그레고리 부인이 세상을 떠나자 윌리의 상실감은 헤아릴 수 없을 만큼 컸다. 그레고리 부인은 윌리의 인생에 너무나도 중요한 자리를 차지하고 있었기 때문에 그레고리 부인이 없는 삶을 상상할 수 없었다. 그레고리 부인의 죽음으로 아일랜드의 서쪽 지방과의 연결고리도 끊기는 것이었기 때문에 윌리와 조지는 더블린에서 살 집을 구했다. 그들의 새집 '리버스데일'은 라스판햄 너머 1마일 떨어진 곳에 위치하고 있었으며 산과 만의 경치가 보였다. 정원은 잘 가꾸어져 있었고 이 작은 집에 윌리의 책들과 잭의 그림들을 소장할 수 있을 충분한 공간이 있었다.

집을 옮기고 나서 얼마 후, 윌리는 계획한 '문자 아카데미'를 위한 기금을 모으러 미국 순회여행을 떠났다. 윌리가 다시 돌아왔을 때, 모드는 '문학 아카데미'의 계획에 찬성한다는 것을 말하기 위해 윌리에게 연락했다. 윌리의 아들 마이클은 로우벅 저택과 리버스데일 저택 사이를 오가며 편지들을 전달했다. 몇 년이 지난 후 윌리는 「깨어진 꿈Broken Dreams」에서 다음과 같이 썼다.

당신의 머리에 회색빛이 있소
더 이상 젊은 청년들이 갑자기 숨소리를 죽이지 않소
당신이 지나갈 때……

노인들의 얘기가 끝나면, 어느 젊은이가

한 노인에게 말할 것이오, '그 여자에 대해 얘기해주세요.
피가 식을 나이에 이를 때까지, 그 시인이
끈질긴 열정으로 노래한 그 여자에 대해.'

희미한 추억, 추억만 남았을 뿐,
그러나 무덤 안에서는 모두, 모두가 되살아나
아름다운 여자로 성숙해가는 길에
기대 있거나 서 있거나 걷고 있을
그리고 젊은 날의 열정적인 눈으로,
그 여자를 다시 볼 것이라는 확신이
나를 바보처럼 중얼거리게 만들었다.

There is grey in your hair.
Young men no longer suddenly catch their breath
When you are passing…

A young man when the old are done talking
Will say to an old man, 'Tell me of that lady
The poet, stubborn with his passion sang us
When age might well have chilled his blood.'

Vague memories, nothing but memories,
But in the grave, all, all shall be renewed.
The certainty that I shall see that lady
Leaning or standing or walking

In the first loveliness of womanhood,
And with the fervour of my youthful eyes,
Has set me muttering like a fool…

아카데미에 대한 모드의 찬성과 그들 사이에 오고 간 편지들이 둘 사이의 불화를 잊게 해주는 데 큰 몫을 했다. 윌리는 모드에게 다시 한 번 그와 만나주지 않겠냐고 물었고 더블린에 있는 킬데어가 클럽에서 만나자고 제의했다. 그러나 그 장소는 좋지 못한 선택이었다. 왜냐하면 킬데어가 클럽에서는 주요 방들의 여성 출입이 금지되었기 때문에 모드는 영국 치하의 아일랜드를 떠올리게 하는 총독의 초상화가 걸려 있는 좁은 홀에만 있어야 했다. 윌리는 또 영국계 아일랜드 동료를 모드에게 소개시켜 모드의 화를 더욱 돋우었다. 모드는 윌리가 영국과의 친밀 관계를 과시한다고 느꼈고 그곳을 떠났다.

로렌스 캠벨이라는 젊은 조각가의 작품인 모드의 청동 석고 흉상을 보고 영감을 얻은 윌리는 모드에 대한 마지막 시를 썼다.

「청동 두상A Bronze Head」에서 윌리는 그때 모드의 모습과 젊었을 때 모드의 외모를 비교했다.

어두운 무덤을 떠돌던 한때의 망령이 아닌, 온몸이
빛으로 충만한 듯 그녀의 모습은 온전하고,
그러나 아주 상냥한 여인; 어느 모습이
진정한 그녀를 보여줬는지 누가 알겠는가?
어쩌면 그녀는 여러 모습일지도 모른다……

아니면 그녀가 초자연적인 모습일지;
눈에서는 더 준엄한 시선이 비쳐 나와
이 더러운 세상의 쇠퇴와 몰락을 바라본다……

No dark-tomb haunter once; her form all full
As though with magnanimity of light,
Yet a most gentle woman; who can tell
Which of her forms has shown her substance right?
Or maybe substance can be composite…
Or else I thought her supernatural;
As though a sterner eye looked through her eye
On this foul world in its decline and fall…

윌리는 계속 글을 썼으나 건강이 악화되었다. 그의 헌신적인 아내 조지와 함께 윌리는 아일랜드, 영국, 프랑스를 오가며 시간을 보냈다. 윌리의 후기 시들은 1938년 『새로운 시들*New Poems*』이라는 제목으로 쿠얼라 출판사에서 출판되었다.

그해에 모드는 자서전 『여왕의 신하』(마에브 여왕을 참고해서 지은 제목)을 썼다. 모드는 윌리에게 자서전에 그의 말을 인용해도 되냐고 허락을 구했고 윌리는 대답했다. "그럼, 물론이오. 나에 대해서 어떤 말을 써도 좋아요. 나는 한 번도 아일랜드의 몸부림이 '희망이 없다' 고 생각한 적이 없었습니다. '고단한 몸부림' 이나 '비극적인 몸부림' 과 같은 그런 구절들을 쓰도록 하시오. 나는 이 몸부림이 계속되길 원했어요, 다만 다른 방법으로. 원한다면 나의 시들도 인용하도록 하시오. 그러나 나의 저주를 원하지 않는다면 시들을 잘못 인쇄하는 일이 없도록 해야 합니다. 사람들은 빈번하게 인용문들을 잘못 인쇄한다니까……"

1938년 8월 애비 극장은 그의 연극 「연옥」을 상연했으며 연극의 첫째 날 밤 윌리는 마지막으로 대중들 앞에 나타났다.

26

얘기하시오, 다소 슬프게, 어떻게 사랑이 가버렸는지.
저 너머의 산 위를 배회하다……
「그대가 늙었을 때」

황혼기에 모드와 윌리는 자주 만나지 않았다. 모드는 아일랜드의 분단이 중요한 문제라고 느꼈지만 윌리는 동의하지 않았다. 그러나 1938년 늦은 여름 모드가 윌리를 마지막으로 보러 리버스데일을 찾아갔을 때 이러한 정치적인 견해 차이는 의미가 없었다. 윌리는 아주 쇠약해져 두 발로 서는 것조차도 어려운 상태였다. 칠십대의 두 사람은 옛날 애기를 나누었고 모드가 떠나려고 하자 윌리는 그들이 '영웅들의 성' 에서 계속 남았어야 했다고 모드에게 말한다. 윌리가 아직도 그것을 기억하고 있다는 것에 놀란 모드는 아무런 대답을 하지 못했다.

몇 주 후, 윌리는 신문을 보다가 모드가 서명한 편지의 일부분을 IRA 용의자에게서 발견했다는 기사를 읽게 된다. 감명을 받은 윌리는 말했다. "대단한 여자야! 생기가 넘쳐! 엄청난 활력이야." 윌리는 친구인 윌리엄 로젠슈타인 경에게 편지를 보내 모드의 초상화를 그릴 사람을 찾을 수 없느냐고 물었다. "어떠한 화가도 그녀를 그린 적이 없어. 바로 지금 그녀의 모습이 너무 훌륭해." 윌리의 소원은 그때 이루어지지 않았다.

윌리는 조지와 함께 영국으로, 그리고 리비에라로 떠났다. 윌리는 캡 마르틴에 있는 아이디얼 세주어 호텔에 머물렀고 크리스마스 때 그의 아들 마이클도 합류했다. 1월 4일 윌리는 엘리자베스 펠햄 Elizabeth Pelham 부인에게 편지를 썼다. "놓아버릴 수 있는 모든 것을 놓아버려서 이제 제가 하고 싶었던 말을 할 수 있습니다…… 저는 행복합니다. 절망하며 단념했던, 충만한 에너지를 느낍니다. 제가 늘 가지고 싶었던 것을 이제는 찾은 것 같습니다…"

1939년 1월 28일 토요일 오후 2시에 윌리는 세상을 떠났다. 그의 시신은 캡 마르틴과 모나코를 내려다보는 로크브룬으로 옮겨졌다. 평범한 돌에 'W. B. Yeats 1865-1939' 라고 새겨져 있는 묘지는 임시 휴식처였다.

윌리의 사후, 조지는 모드가 윌리에게 보낸 옛날 편지들을 모아서 모드에게 보냈다. 집이 수색당할 때 윌리의 편지들 대부분이 불태워졌기 때문에 모드는 이 편지들을 받고 기뻐했다.

숀은 IRA와 계속 연루되어 일을 했다. 숀은 변호사 자격증을 얻었고 데 발레라의 정부가 IRA 일원들을 고소하자 숀은 동료들을 변호했다.

숀은 '클란 나 퍼블럭크더Clann na Poblachta' 라는 새 정당을 만들었다. 모드는 선거에 나갔으나 고배를 마셨다. 1947년에 숀의 당은 연립 정부의 일부가 되었고 숀은 외무부 장관이 되었다. 이 정부가 드디어 아일랜드를 공화국으로 선언하고 영연방에서 철수하는 것을 보고 모드는 매우 기뻐했을 것이다. 모든 32개의 군들이 함께였으면 더 기뻐했을 것이다.

1948년 9월 외무부 장관으로서 숀은 윌리의 시신을 반갑게 맞이했다. 윌리가 사랑했던 슬라이고의 민둥산 벤 불벤의 꼭대기에 위치한 드럼클리프 묘지를 마지막 휴식처로 삼았다.

「불벤 산 기슭에서 Under Ben Bulben」에 윌리는 자신의 비문을 썼었다.

기념비도, 흔해빠진 비문도 없이.
가까운 곳에 채석한 석회암(石灰岩) 위에
그의 유언으로 다음 구절을 새긴다:
'싸늘한 시선을 던져라,
삶과 죽음에,
말 탄 자여, 그냥 지나가라!'

No marble, no conventional phrase;

On limestone quarried near the spot
By his command these words are cut:
'Cast a cold eye
On life, on death.
Horseman, pass by!'

윌리의 죽음 이후, 모드는 오랫동안 살았고 미망인의 검은 상복을 입는 유명한 인사가 되었다. 나이가 들어서 모드는 윌리가 그들이 아직 젊을 때 자기를 위해 쓴 시들을 읽고 또 읽었을 것이다. 「그대가 늙었을 때When You are Old」는 롱사르가 그의 정부에게 쓴 소네트를 토대로 쓴 시이다.

그대가 늙어 머리가 세고 잠이 그득하여,
난롯가에서 꾸벅일 때, 이 책을 꺼내
천천히 읽으면서 그대가 한때 가졌던 그 눈의
부드러운 눈길과 깊은 그늘을 생각하시오.

많은 사람들이 그대의 매력적인 순간들을 사랑했고,
진정이었건 거짓이었건 그대의 아름다움을 사랑했지만,
한 남자만이 당신의 그 순례자 정신을 사랑하고,
그대의 변해가는 얼굴의 슬픔을 사랑했소.

훨훨 타오르는 난로 옆에 허리를 구부리고
얘기하시오, 다소 슬프게, 어떻게 사랑이 가버렸는지.

저 너머의 산 위를 배회하다
수많은 별들 틈에 얼굴을 어떻게 숨겨버렸는지.

When you are old and grey and full of sleep,
And nodding by the fire, take down this book,
And slowly read and dream of the soft look
Your eyes had once, and of their shadows deep;

How many loved your moments of glad grace,
And loved your beauty with love false or true,
But one man loved the pilgrim soul in you,
And loved the sorrows of your changing face;

And bending down beside the glowing bars,
Murmur, a little sadly, how love fled
And paced upon the mountains overhead
And hid his face amid a crowd of stars.

모드는 1953년 4월 27일에 세상을 떠났다. 이틀 후, 모드는 더블린에 있는 글래스네빈 묘지에 묻혔다.

참고문헌

- Cardozo, Nancy, *Maud Gonne – Lucky Eyes and a High Heart*, Victor Gollancz, London 1979.

- Carte, Thomas, *Mss. Vol XVI*, Bodleian Library, Oxford.

- Daly, Dominic, *The Young Douglas Hyde*, Irish University Press, Dublin, 1974.

- Gothorne Hardy, Jonathan, *The Rise and Fall of the British Nanny*, Hutchinson Publishing Group, London, 1974.

- Gwynn, Stephen, *Scattering Branches – Tribute to the Memory of W. B. Yeats*, Macmillan, New York, 1940.

- Hone, Joseph, *W. B. Yeats 1865–1939*, Macmillan, London, 1942, 1962.

- Jeffares, A. Norman, *W. B. Yeats: A New Biography*, Hutchinson, London, 1988.

- Kohfeldt, Mary Lou, *Lady Gregory*, André Deutsch, London, 1985.

- Levenson, Samuel, *Maud Gonne*, Cassell & Company, London, 1977.

- MacBride, Maud Gonne, *A Servant of the Queen*, Victor Gollancz, London, 1938, 1974.

- Martin, Augustine, *W. B. Yeats*, Gill and Macmillan, Dublin, 1983.

- Moore, Virginia, *The Unicorn, William Butler Yeats' Search for Reality*, Macmillan New York, 1954.

- Tynan, Katherine, *Twenty Five Years Reminiscences*, Devin Adair, New York, 1913.

- Yeats, W. B., *The Collected Letters of W. B. Yeats*, Edited by J. Kelly / E. Domville, Clarendon Press, Oxford, 1986.

  _ *Selected Poetry*, A. N. Jaffares, Pan Books, Macmillan, London, 1972.
  _ *Autobiography*, Macmillan Publishing, London, 1916, 1935.
  _ *Memoirs*, edited by Denis Donoghue, Macmillan, London, 1972.
  _ *Letters of W. B. Yeats*, edited by Allan Wade, Macmillan, New York, 1955.

신 문

- *Irish Independent*, 28/2/1905 and 10/8/1905
- *Irish Times*, 23/1/1989 and 26/1/1989
- *New York Evening World*, 13/8/1905
- *Sunday Independant*, 3/2/1974

예이츠와 모드 곤

The Love Story of W. B. Yeats and Maud Gonne

펴낸날 1판 1쇄 2006년 10월 2일 | **지은이** 마저리 브레이디 | **옮긴이** 권경수
펴낸이 최민숙 | **펴낸곳** 이화여자대학교출판부
등록 1954년 7월 6일 제9-61호
주소 서울특별시 서대문구 대현동 11-1(우 120-750)
전화 02-3277-3163, 3242(편집부), 02-3277-3164, 362-6076(영업부)
팩스 02-312-4312 | **전자우편** press@ewha.ac.kr | **인터넷서점** www.ewhapress.com
편집책임 이혜지 | **찍은곳** 삼광프린팅

ISBN 89-7300-708-4 03840
값 9,000원